Gas, Gas, ... und
dann Feuer

Mit freundlicher Unterstützung von
Deutsch-Tschechischer Zukunftsfonds | Česko-německý fond budoucnosti

Deutsch-Tschechischer Zukunftsfonds
Česko-německý fond budoucnosti

Deutsche Erstausgabe
Titel der Originalausgabe:
Plyn, plyn..., pak oheň. Vězeň č. B 11632, 1945

Die Deutsche Nationalbibliothek verzeichnet diese Publikation in der Deutschen Nationalbibliografie; detaillierte Daten sind im Internet über https://portal.dnb.de/ abrufbar.

Hentrich & Hentrich Verlag Berlin Leipzig
Inh. Dr. Nora Pester
Capa-Haus
Jahnallee 61
04177 Leipzig
info@hentrichhentrich.de
www.hentrichhentrich.de

Lektorat: Malte Gerken
Gestaltung: Michaela Weber
Druck: Winterwork Borsdorf

1. Auflage 2024

Printed in Germany
ISBN 978-3-95565-652-2

František R. Kraus

Gas, Gas, ... und dann Feuer

Häftlingsnummer B 11632

Aus dem Tschechischen übersetzt von Vera Trnka
Mit einem Vorwort von Tomáš Kraus

Inhalt

Es ist acht Uhr abends, kalt, ich sitze allein in einem kleinen Gästehaus in Budapest in der Árpád-Straße. Ich sitze hier mit meinem Leben und weiß nicht, was ich damit anfangen soll. Ich bin durch Feuer und Hölle gegangen, um mich auf die andere Seite zu retten, bin in Schlamm und Dreck ertrunken, bin durch die übelsten Exkremente gewatet, um mich auf dem trockenen Boden wiederzufinden. Aber ich fühle es – meine Seele, sie ist tot, und niemand kann sie wiederbeleben.

Das schrieb František R. Kraus ganz am Ende seines Buches „Gas, Gas, ... und dann Feuer", einem autobiografischen Bericht über die Ereignisse, die er durchmachen musste und die er wie durch ein Wunder als einer von wenigen überlebte. Was wir heute als Holocaust bezeichnen, hat Millionen Tote gefordert. Die Überlebenden kämpften für den Rest ihres Lebens darum, das Trauma zu verarbeiten, dem sie während dieser relativ kurzen Zeit der Nazi-Herrschaft ausgesetzt waren. Und die meisten von ihnen schwiegen. Sie schämten sich, sie wollten ihre Umgebung und Angehörigen nicht mit ihren Ängsten und Traumata belasten, und schon gar nicht ihre Familien, die sie auf den Ruinen ihres früheren Lebens aufgebaut hatten. Aber es gab Ausnahmen. Es gab auch einige, die aussprachen und warnen wollten. Um die Menschheit zu mahnen, dass die Schrecken, die sie selbst erleben mussten, nie wieder passieren würden.

Einer von ihnen war František R. Kraus, mein Vater. Und er hatte alle Voraussetzungen für eine so mitreißende Mahnung. Er war Journalist, Reporter – und zwar nicht irgendeiner. Sein Zeugnis ist daher aus vielen Gründen wertvoll. Vor allem handelt es sich um einen der ersten dokumentarischen Texte über die Gräuel des Nationalsozialismus, der fast unmittelbar nach Kriegsende veröffentlicht wurde. Wie ist das passiert? Darüber spricht der Autor selbst in der angeführten Passage – über seine Odyssee, die mit der Deportation nach Theresienstadt im allerersten Transport AK1 im November 1941 begann, drei Jahre später durch das Vernichtungslager Auschwitz, die Arbeitslager in Gleiwitz und Blechhammer und die Flucht fortgesetzt wurde und ihn durch Polen und das Karpatenvorland führte, und die ausgerechnet in Budapest endete.

Hier bekam er mithilfe von Freunden eine kleine Wohnung in der oben genannten Árpád-Straße, vor allem aber eine Schreibmaschine. Und hier, ganz am Ende des Krieges, begann er, alles niederzuschreiben.

Als er einige Wochen später im befreiten Prag ankam und versuchte, zumindest einen Teil seines alten Lebens wiederaufzubauen, fand er in Jiří Chvojka auch einen Verleger, der einen Teil des Manuskripts bereits im September 1945 veröffentlichte. Wenig später erschien ein weiterer Teil unter dem Titel „... und bringe zurück unsere Verstreuten".

Deswegen ist das Buch, das Sie vor sich haben, ein einzigartiges und absolut authentisches Zeugnis. Allerdings ist es ein ungeheures Paradox und ein unfassbares Versäumnis der geteilten Welt nach Kriegsende, dass es erst jetzt in der Muttersprache des Autors, nämlich Deutsch, veröffentlicht wird.

Wie Sie an anderer Stelle lesen werden, wurde František R. Kraus 1903 in Prag geboren. Er besuchte die deutschen Schulen in Prag, dieselben, die auch Franz Kafka besucht hatte. Sein engster Freund und Mentor war der „rasende Reporter" Egon Erwin Kisch, dessen Werk ebenfalls auf Deutsch verfasst ist. Die Nachkriegszeit, die nicht nur in der Tschechoslowakei von heftigen antideutschen Ressentiments geprägt war, erlaubte keine andere Veröffentlichung seiner Texte als in tschechischer Sprache. Und so blieb es – abgesehen von seinen in ausländischen deutschsprachigen Zeitungen und Zeitschriften veröffentlichten Kurzgeschichten – bis zum Ende der 1960er Jahre. Die Veröffentlichung seiner Bücher auf Deutsch erlebte František Kraus nicht mehr.

Mittlerweile ist der Holocaust zu einem Thema von globalem Interesse geworden. Bücher, Filme, aber auch andere literarische und künstlerische Formen greifen sehr oft auf die existenziellen Erfahrungen der damaligen Zeit zurück, auch wenn es scheint, als sei bereits alles gesagt. Doch das ist es nicht. Deswegen ist auch das Zeugnis meines Vaters immer noch dringlich und relevant.

Davon bin ich auch heute noch überzeugt, mehrere Jahrzehnte nach der Befreiung der Konzentrationslager und dem Ende des Zweiten Weltkriegs. Vielleicht ist dieses Buch, das Sie jetzt in der deutschen Fassung in Ihren Händen halten, dieses zeitlose Zeugnis, das der Menschheit sagt: NIE WIEDER! Zumindest ist das der Wunsch des Autors.

Tomáš Kraus

Editorische Anmerkung

Bei dem hier erstmals in deutscher Sprache veröffentlichten Text handelt es sich um eine Übersetzung aus dem Tschechischen. Der Text ist weitgehend originalgetreu abgedruckt. Es wurden lediglich einige Fehler korrigiert und behutsame Anpassungen von Rechtschreibung und Zeichensetzung vorgenommen, um eine bessere Lesbarkeit für das heutige Publikum zu gewährleisten.

In der Originalversion auf Deutsch wiedergegebene Begriffe wurden kursiv gesetzt. An den Stellen, wo der Autor vom Nebenlager in Rajsko spricht, ist in eckigen Klammern der tatsächliche Aufenthaltsort – Birkenau – ergänzt worden. Der von der Übersetzerin angefertigte Anmerkungsapparat am Ende des Buches verschafft dem Leser einige Hintergrundinformationen.

Gas, Gas, ... und dann Feuer

Ziemlich ruhig ist es in der Siedlung. Theresienstädter Staub wirbelt zwar durch die stinkenden Gassen der Stadt, aber der Hunger ist heute nicht so brutal: Zum Mittagessen gab es Graupen, und da wird man satt, auch wenn man den Fraß ohne Geschmack herunterschluckt. Jedes Mal, wenn ich die hungrigen Kameraden so essen sehe, entsteht vor mir das Bild eines ausgezehrten Hundes, den ich vor vielen Jahren irgendwo auf der Straße gesehen habe, wie er Kartoffelbrei verschlingt, eine auf den Boden verschüttete Plempe, und sich ängstigt, dass ihn jemand verjagt, noch eher er alles wird verschlingen können.

Der Wanst ist voll und wir sind relativ zufrieden. Sogar einen Nachschlag gab es, bei uns in den Jägerkasernen,[1] und abends wird es Kartoffelsuppe geben. Das sind ja Aussichten! Wir sitzen im Hof, denn die liebe Sonne guckt doch hie und da durch, und wir wärmen uns in den Strahlen. Gänzlich ohne Sorgen verbringen wir den heutigen Nachmittag, niemand spricht heute zu viel, keine Neuigkeiten finden heute Absatz. Am Ende des ekelhaften Festungshofes steht eine Gruppe junger Leute. Dort, ich kann es sehen, debattiert man aufgeregt. Schon bilden sich weitere Grüppchen. Der lange Fritz verlässt eine dieser Gruppen und nähert sich der Bank, auf der wir sitzen.

„Also Jungs, ihr wisst es bereits, nicht wahr? Transporte! Zur Arbeit ins Reich. Es sollen zehn werden, je zweitausend Mann. Vor allem Männer zwischen sechzehn und fünfzig. Wir haben's gut. Da fährt jeder von uns!"

Daher die Ruhe! Sie sind bereits da. Jedes Mal, wenn es bei uns zu ruhig wird, muss etwas kommen. Meine Gedanken sind sofort bei meiner Mutter. Über zwei Jahre versuchte ich sie hier bei Not und Mangel durchzubringen, so gut es nur ging. Sie war permanent krank und unterernährt, aber sie lebte. Ich grub sie heraus aus sechs Transporten in den

Osten und versuchte sie zu pflegen, soweit es möglich war. Auch wenn sie lange auf dem Boden liegen musste, auch wenn ihre Nächte, im Staub und von Ungeziefer geplagt, eine wahre Hölle waren, aber sie lebte noch.

Sie wog zwar bloß 35 Kilogramm, doch ich wusste genau, dass meine Abfahrt für sie den Tod bedeuten würde. Oder man würde sie sofort nach meinem Verschwinden in den Osten deportieren.

Also, wieder Transporte, und wohin? In den Osten schätze ich. Weitere Opfer. Wie viele sind bereits so von hier ins Unbekannte gefahren, und wer von ihnen ist noch am Leben? Wenige. Na also, meinetwegen. Diesmal bin ich sicher auch dabei, auch wenn uns die Herren von der SS bisher geschützt haben, denn wir waren sog. AK-isten, die Männer des Transports AK, die das Ghetto „aufgebaut" hatten, als die Theresienstädter Bürger aus der Stadt vertrieben worden waren.[2]

In der Siedlung machte sich allmählich Erregung breit. Wo man hinschaut, sieht man eine kleine Schar Menschen, die über die „Großsendung" von menschlichem Material ins Reich debattieren.

Bereits am Abend sprach im riesigen zweiten Hof der Hamburger Kaserne der Theresienstädter Älteste über die „stürmischen nächsten Tage". Der Hof ist überfüllt. Eine bedrohliche Atmosphäre lastet in den stinkigen Gassen des Ghettos und bedrückt auch hier jeden von uns. Der Hof quillt über. Auch die Holländer und Dänen[3] kamen. Ich sehe nicht gut. Klettere auf einen Sims. Jetzt höre ich: „Es werden schwere Opfer verlangt, aber etwas dagegen unternehmen kann man nicht. Es ist eine Anordnung von oben. Von den Männern muss jeder mit seiner Abfahrt rechnen. Ihr geht zur Arbeit." Das waren seine Worte. Und zugleich die letzten Augenblicke seines Lebens. Er fertigte eine Liste von mehr als 24 000 Personen an,[4] als er aber feststellte, dass diese Masse Elender vernichtet werden sollte – wie, dass wusste er nicht genau –, stellte er sich im letzten Augenblick gegen die Vertreibung all dieser Menschen in den Tod wie Vieh zur Schlachtbank. Das bedeutete sein Ende. Dr. Eppstein wurde damals im September 1944 im Theresienstädter Casino erschossen,[5] als er sich weigerte, die Befehle der Henker von Himmler auszuführen. Er war ein Mann. Das haben wir alle gewusst.

Stimmengewirr klingt durch den Hof. Die Frauen weinen still. Wir alle wissen, wie hoch der Preis ist, der hier gezahlt werden muss. Wieder werden Familien auseinandergerissen, Familien, die hierher, in die Theresienstädter Festungsmauern, in den Kerker ohne Gitter hineingetrieben worden waren, wo aber trotz Hunger, Not und Leid wenigstens das armselige Dasein möglich war. Was vor uns steht, wissen wir nicht. Der Osten mit seinen fürchterlichen Folterkammern, mit seinen übervölkerten und anschließend entvölkerten Ghettos, die Verfolgung und zum Schluss der Tod. Der Hungertod oder der Tod durch eine Kugel. Kein einziges Mal, die ganzen dreieinhalb Jahre lang, haben wir ein einziges Wort erhalten von den Kameraden, von ihren Verwandten oder Bekannten, die durch die „zweite Deportation" geschleust wurden. Sie alle wurden zum Schweigen gebracht – wie, das wussten wir nicht genau.

In dieser Nacht wurde nicht geschlafen im Ghetto. Alles ging wirr durcheinander. Die Küchenausgabe funktionierte nicht mehr besonders, überall große Aufregung und Angst. „Magdeburg" arbeitete bereits. In diesem, unserem „Rathaus" warfen die Schreib- und Vervielfältigungsmaschinen die Einberufungen aus. Man „schnitt" bereits die schmalen Berufungsstreifen. Die Berufungen vom ersten der zehn Transporte wurden bereits verteilt. Und so wurde einer nach dem anderen einberufen. Ein jeder auf der Straße hielt bereits den Papierstreifen in der Hand. „Sie wurden in den Arbeitstransport ins Reich eingegliedert. Ihr Gepäck darf nicht mehr Gewicht als" usw. usw. Das kennen wir bereits.

Auch ich halte die Vorladung in der Hand. Morgen soll ich bereits einrücken in die „Schleuse“[6] in „Hamburg“.

Alles ging blitzschnell. Der erste, der zweite waren bereits abgefertigt und ich, im dritten Transport war ich also dabei. Die Mutter, neben zwei Koffern auf dem Boden liegend, in einem verkommenen Häuschen einer stinkenden Gasse am Bahnhof, halb erblindet, ohne Hilfe und Pflege, flüstert zum letzten Mal: „Warum fährst Du weg, František? Warum lässt Du mich hier allein?“ Ein letzter Kuss und ich stürme hinaus ... In der Seitengasse muss ich anhalten, Tränen fließen über meine Wangen ... Mutter, Mutter, das letzte, was mir blieb, stirbt einen furchtbaren Tod, ohne mich ...

Schon sind wir im Zug. Vollgestopft wie Heringe in der Büchse. Die Laune ist nicht die schlechteste, denn es fahren Jüngere, so etwa bis fünfundvierzig. Und auch ich bin bereits ruhiger. Einwaggonieren, welches die geschützten Dänen besorgen, erfolgt unter der üblichen Hast und Eile. Die SS befindet sich bereits auf dem Bahnsteig, die Protektoratsgendarmerie bewacht den Zug. Und wenn sich bei der Jägerkaserne[7] der Zug in Bewegung setzt, fühle ich mich irgendwie freier, ich weiß nicht. Dumm herumgelungert habe ich hier, an dieser einzigen Stelle, beinahe drei Jahre; wie viele Kilometer habe ich im Umkreis des stinkigen Kerkers zurückgelegt? Nun aber fahre ich immerhin aus dem Gefängnis heraus „in die Welt“, wo ich wieder die Natur sehen kann. Hinter die Schranken durfte ich nicht und heute fahre ich heraus, weg von den Riegeln, heraus ... vielleicht ... Wenn ich damals nur geahnt hätte, wohin sie uns verfrachten!

In Bohušovice [Bauschowitz] übernimmt uns die Schupo. Als Transportleiter fungiert ein junger SS-Mann. Die Fenster müssen geschlossen bleiben, sonst wird geschossen. Und so werden wir zwei Tage und zwei Nächte lang transportiert. Wohin? Man spricht im überfüllten Wagen, wo man weder sitzen noch stehen kann, wo man nicht einmal austreten kann [ein Eimer für alle], man spricht über einen Arbeitsplatz in Dresden. Dort fahren wir jedoch durch, schon sind wir in Leipzig,[8] in Cottbus, und in der Nacht wissen wir nicht einmal mehr, wo wir uns befinden. Am zweiten Tag lesen wir die Aufschriften. Schon sind wir weit in Oberschlesien. Das heißt, wieder ein Bluff. Wir fahren durch Kattowitz und nun regnet es, es gießt wie aus Kannen. Der Zug fährt auf eine Rampe. Viele Gleise sind zu sehen und etwas weiter ein mit Kartoffeln beladener Lastzug. Es herrscht ein reges Leben hier, selbst bei Regen. Frauen, höchst sonderbar angezogen, mit über der Stirn geknoteten Kopftüchern. Einige tragen Körbe voller Kartoffeln in irgendein großes Lager, andere verstecken sich unter den Waggons. Und überall SS-Männer mit Schießgewehren. „Was soll das?“, fragt einer den anderen. „Da fahren wir an irgendeinem Lager für Frauen vorbei“, antwortet jemand im Wagen. Wir stehen jedoch. Draußen herrscht stets lebendiges Treiben. Draußen schreit man. Es erinnert mich an einen amerikanischen Film, den ich vor Jahren zu Hause gesehen habe: „Frauen hinter Gittern“. Auch diese Strafgefangenen wirken völlig abgestumpft, mit ihren hastigen Bewegungen und Grimassen, genau wie damals in dem grausamen Film. Auch das hier ist ein Film von Gespenstern, von menschlichem Leid, Ekel und Irrsinn.

Wir versuchen uns alle ans Fenster zu drücken. Draußen, am Eingang zum Lager – der Zug hat sich immer noch nicht in Bewegung gesetzt –, steht eine Aufseherin mit einem riesigen roten Kreuz auf dem Rücken, in der Hand eine Riemenpeitsche, und haut unbarmherzig auf die arbeitenden Frauen ein. Es gibt hier von ihnen unzählige bei der Arbeit. Einige rufen auf Polnisch und Italienisch, vielleicht auch auf Französisch, ich weiß es nicht, kann es von hier nicht unterscheiden. Sie rufen uns etwas zu. Wieso? Gehören wir vielleicht bereits zu ihnen? Das ist doch nicht möglich! Doch schauen wir einer den anderen an, eine Vorahnung. Wir sind im

KZ! „Jungens, das wird wohl dieses Birkenau oder Oświęcim sein, wie heißt das hier?“, ruft der große Fritz. Das wäre aber gegen alle Versprechungen und das Ehrenwort. „Ihr geht zur Arbeit als freie Arbeiter. Euch wird es wesentlich besser gehen als im Ghetto, ihr werdet wieder Menschen!“, erklärte einer der Gestapo-Männer beim Appell in „Hamburg“. Auf diese Weise also hielten die Repräsentanten der germanischen Willkür ihr Wort.

Und nun geht alles schnell, ihr Lieben! Die Frauen bei den Kartoffeln lärmen und schreien, die SS-Männer achten nicht darauf. Schauen gleichgültig auf diese Zirkusvorstellung. Sie sind in Regencapes gehüllt, denn es gießt unerbittlich. Sie kennen das Theater auswendig. Praktisch täglich spielt sich hier dasselbe ab, Züge aus Böhmen, Deutschland, Holland, Frankreich, Züge aus Dänemark und Italien, aus ganz Europa vielleicht, liefern hierher das Schlachtvieh.

Birkenau, Birkenau, das ist vermutlich hier, wohin aus Theresienstadt bereits hunderttausend Menschen fuhren, und keiner schrieb mehr, vielleicht ab und zu ... Birkenau ... Rajsko[9] bei Oświęcim ... hier irgendwo arbeiten die Männer in Schwefelminen und sterben an Vergiftung.

So ungefähr erzählte man es sich in Theresienstadt. Was aber wird mit den Frauen, die, etwa fünfhundert, mit uns fahren, und was mit den Kindern?

„Aussteigen!“ So rufen seltsam ausschauende Männer in Streifenanzügen in die Waggonfenster herein. Wir stürzen hinaus, wollen unser Gepäck mitnehmen, aber der Befehl heißt, alles im Zug zu lassen. Aus dem Fenster sehe ich, dass die ersten Ohrfeigen fallen. Und diese Kerle in den seltsamen Komödiantenlumpen und Mützen? „Wir sind Kanada!“[10], ruft uns einer von ihnen zu, und vor den Augen der hier patrouillierenden SS teilen diese Sträflinge den ankommenden Transport ein. Wie ein wüster Traum! So ein Umsturz innerhalb von wenigen Stunden! In ein KZ haben sie uns geliefert! Wieso?

„Kanada" tobt: Die Männer reihen sich nach links, die Frauen nach rechts. „Kanada" entreißt den Ankommenden bereits hier die Uhren, nimmt ihnen die Mäntel ab, von den Füßen ziehen sie die besseren Schuhe ab und dabei wird rasend geohrfeigt. Und die SS-Männer lachen. Diese „Kanadier" (die meisten von ihnen sind Polen und Griechen) lärmen, lachen uns aus und wüten nach allen Regeln der Kunst. Viele von ihnen sind bereits im Zug, sie rauben die Koffer und Rucksäcke aus. Sie stopfen sich Buchteln und Brot in den Mund, suchen alkoholische Getränke, rufen sich gegenseitig zu und stecken sich das Raubgut in die Taschen. Dann sehe ich nur noch, wie sie die Gepäckstücke auf den Bahnsteig schmeißen.

Mich überfiel ein Riese. Zog an meinem schwarzen Regenmantel, der ihm anscheinend gefiel, und riss ihn mir ab. Ich stehe ohne Mütze und ohne Mantel im strömenden Regen. Im Nu bin ich bis auf die Haut nass. Der Männerstrom setzt sich in Bewegung, die Frauen sehe ich nicht mehr. In der Schar der deportierten Frauen war auch meine Frau. Ich sehe sie nicht mehr. Das letzte Lebewohl tauschte man nur flüchtig, durch einen Blick, und ich weiß nicht mehr, was mit mir los ist.

Sie führen uns. Wohin, das wissen wir nicht. Es gießt in Strömen. Die Erde ist hier seltsam aufgeweicht und gelb, schlammig, lehmig. Mit jedem Schritt bleiben wir in der Erde stecken und nur mit Mühe ziehen wir die Füße aus dem Schlamm heraus. Rechts und links nur noch Stacheldraht, ein Lager hinter dem anderen, Draht, Schlamm, Regen, und in all dem tanzen die „Gestreiften". Unterwegs sind überall SS-Männer, mit schweren Waffen ausgestattet. Wieso sind sie bis an die Zähne bewaffnet? Haben sie vielleicht Angst vor den wehrlosen Zivilisten oder vor jenen armen Gestalten dort auf der anderen Seite, hinter dem Draht? Wir tappen im Schlamm. Sie führen uns immer geradeaus auf dem erhöhten Damm zwischen den Gleisen und dem Stacheldraht. Der Strom hält an. Dort vorne muss man vor irgendeine SS-Kommission treten, hier steht ein älterer Offizier im Kreis weiterer SS-Männer. Neben ihren gewöhnlichen Pistolen haben sie alle auch eine Riemenpeitsche in der Hand. Schäferhunde und unweit daneben stehende einfache SS-Männer mit Maschinengewehren ergänzen dieses „Tribunal". (Später erfuhr ich, dass es Dr. Mengele selbst war, der Initiator des hiesigen Todeslagers,[11] „Vernichtungslager" genannt, der sich im Kreise seiner Untertanen die neuen „Reisenden" anschauen wollte.)

Ich trete vor ihn. „*Arbeitsfähig?*", fragt er mit einem ironisch hinterhältigen Lächeln. „Jawohl", erkläre ich fest. „*Links*", zeigt er, und schon begebe ich mich mit dem Strom der Arbeitsfähigen direkt in das Lager. Die meisten gehen „*rechts*" ab, wie ich sehe. Das sind diejenigen, die sich krankmelden oder von Mengele als schwach beurteilt werden. Von ihrem Schicksal ahnen sie nichts. Sie wissen nicht, dass sie bereits eine Stunde nach der Ankunft durch Gas und Feuer gehen werden. Aber auch einige Gesunde zielen nach rechts, da sie ihre Kinder oder Eltern nicht verlassen wollen ... und so haben sie ahnungslos den Tod gewählt. (Kinder unter fünfzehn und Erwachsene über fünfzig wanderten aus dem Waggon direkt zur Kremation.)

Seele bricht, Körper bricht, in meiner Brust knackt etwas, ich weiß nicht, was es ist, werde in das „Todeslager" hineingetrieben wie ein Stück Vieh in einem unübersehbaren Rudel armer Teufel. Ein riesiges Tor öffnet sich automatisch. Wir traben hinein, nachdem wir davor durch eine Menge Sicherheitseinrichtungen, Tore und Türen gegangen sind. Überall gesellen sich schwer bewaffnete SS-Männer zu uns. „Kanada" hat uns bereits verlassen. Sie jagen uns durch die Straße. Rechts Stacheldraht, links Stacheldraht, bis hoch zum Himmel reichend. Wir befinden uns auf der sogenannten Lagerstraße. Rechts und links sehen wir bereits jene typischen grünen Baracken aus Holz, „Blöcke" nennt man sie hier. Leichenblasse Gesichter der Opfer, die hierher zu den Straforgien der SS-Männer gebracht werden, schauen aus dieser Masse heraus. Wir waten in Fünferreihen durch den Schlamm. Ich gehe rechts in meiner Reihe an Baracken eines Lagers entlang. Ich sehe, wie die Aufseherinnen mit größter Mühe versuchen, die großen Tore der Blöcke zu schließen, die die Frauen, wahrscheinlich diejenigen, die in den Baracken wohnen, mit Gewalt aufbrechen wollen, damit sie wenigstens heraus zum Draht gelangen können. Die Aufseherinnen schlagen um sich, eine wütende Raserei. Ein Gebrüll und Geschrei rundherum. Das alles geschieht rechts von uns, hinter dem Draht, im Frauenlager.

Und schon weiß ich, warum ein derartiges Geschrei und eine derartige Unruhe herrschen. Die Frauen, in gestreifte und andere Lumpen gekleidet, rufen uns, meist auf Polnisch, zu: „Essen, essen! Alles was ihr bei euch habt, werden sie euch nehmen!" Und da werfen wir all das, was wir noch in den Taschen haben – Brot, Konserven, Käse – über den Stacheldraht. Überall dort wälzen sich bereits die Frauen im Schlamm und raufen sich um diese Dinge. Die Aufseherinnen schreien, schlagen um sich, stoßen den Ansturm weiterer Frauen zurück in die Blöcke, und die uns begleitenden SS-Männer treiben uns zur Tempobeschleunigung an. Den Schlamm habe ich bereits im Gesicht. Die gesamte Kleidung ist voller Schlamm, die Füße können sich nicht mehr heben, denn auf den Schuhen haben sich riesige Klumpen gebildet. Und nun der erste Schuss ... der hinter mir laufende SS-Mann schießt, die Kugel pfeift an meinem Ohr entlang ... und rechts vor einem der Blöcke schreit hinter dem Draht eine junge hochgewachsene Strafgefangene, fällt nach vorne über und ihr Kopf bohrt sich in den Schlamm, sodass man sie nicht mehr sehen kann; nur ihre rechte Hand greift immer noch nach der Sardinenbüchse, die mein Nachbar über den Draht geworfen hatte. Aber auch hinten hören wir Schüsse. In den Blöcken wurden bereits die Türen gewaltsam geschlossen, als einige Frauen noch laut fragten, woher wir kommen ...

Es wird dunkel. Und immer noch jagen sie uns durch Schlamm und Regen. Jeder von uns ist völlig außer Atem ... und langsam bekomme ich Hunger.

Wohin wurde ich verschleppt? Wohin, und wieso? „Karel", flüstere ich beim Gehen dem Kumpel zu, „siehst du die Aufschriften?" Ich zeige durch eine Kopfbewegung nach rechts auf jene fürchterlichen Wände aus Draht, wo rote Schilder den Anfang eines Todesgebiets anzeigen. *„Achtung! Gefahrengrenze!"* – „Das kenn' ich, Bruder!", antwortet unser guter Kodl. „Das kenn' ich aus Dachau. Das Ding ist mit Strom geladen und wer sich ihm auf einen Meter nähert, der wird vom Türmchen niedergeknallt. Für mich nichts Neues, Franzi! Das weißt Du. Wir sind wohl verloren." Karel, Karel, denk ich so für mich alleine, du bist doch Einiges gewohnt. Ich auch, aber so was ...

Sie treiben uns in irgendeinen Stall. Es ist halbdunkel hier. Es erinnert mich an einen Zirkus. Auch der Gestank erinnert an die Manege. Und nachdem sie uns hineingetrieben haben, geht das riesige Tor hinter uns zu. Sind wir vielleicht alleine? Wir flüstern nur. Was nun? Werden wir jetzt gleich vernichtet? Das Tor geht auf – tatsächlich wie in der Manege –, und nun stürmen etwa dreißig von diesen verdammten Komödianten in den gestreiften Lumpen herein, einige mit schreienden Farben von roten und gelben Streifen auf dem linken Arm. Sie grölen, lachen, brüllen und lärmen. Und wieder machen sie sich an uns heran, erbarmungslos, mit Holzknüppeln und Gummischläuchen prügeln sie auf uns ein: „Gala-Empfangsabend!", ruft einer von ihnen, der gerade den Karel niedergerissen hat und nun auf ihn eintritt ... „Gala-Empfangsabend! Jungens, seid willkommen", schreit ein Riesenkerl, der sich auf mich stürzt. Ich sehe nur, dass auf seinem gelben Streifen *„Lager-Capo"* steht und er an der Brust ein kleines grünes Dreieck mit einer Nummer hat. „Kapo" oder

„Capo", denke ich mir, was für ein „Capo", ist es „da capo" oder eine Abkürzung von „camp police", ich weiß es nicht. Aber da liege ich schon auf dem Boden, und nach dem zweiten Schlag verliere ich gänzlich das Bewusstsein. Der Kopf dröhnt seltsam und schmerzt ...

Es kamen etwa zweitausend von uns. Von den siebenhundert jungen Männern, die in Rajsko [Birkenau] als arbeitsfähig eingestuft wurden (etwa eintausend von ihnen wurden gleich nach dem Defilee am Bahnhof im Gas und Feuer vernichtet), blieben, wie mir später ein gewisser Funktionär heimlich mitteilte, in dieser Manege zwölf erschlagen auf dem Boden liegen.

Ich komme zu mir. In der Manege herrscht bereits eine Art Ordnung. Ein Teil der Häftlinge, wie wir hier genannt werden, steht auf der linken Seite des Stalls, das Gesicht zur Mitte. Der Durchgang in der Mitte erinnert an eine Waldschneise und muss die ganze Zeit frei bleiben; er ist mit Decken ausgelegt, auf denen sich Uhren, Ringe, Kämme, Notizblöcke und viele andere Gegenstände häufen. Der zweite Teil der Sträflinge befindet sich auf der anderen Seite, ebenfalls mit dem Gesicht zum Durchgang. Jetzt herrscht hier bereits absolute Ruhe. Die „Kanadier" schauen sich zwar die aufgehäuften Gegenstände an wie die Elstern, schieben sich die wertvollsten Sachen in die Taschen, aber ohrfeigen nicht mehr und schlagen nicht mehr. Durch die Mitte schreitet ein SS-Mann. Die Hände am Rücken, in der rechten einen schweren Ochsenziemer, läuft er hin und her.

Ich stehe auf. „Zum letzten Mal warne ich euch, ihr Schweine: Schmeißt alles Wertvolle, was ihr bei euch habt, freiwillig her. Gnade euch Gott, sollte ich bei jemandem von euch alten Missgeburten eine Uhr, einen Ring oder etwas Ähnliches finden!"

„Ich habe hier ein winziges Kettchen um den Hals, Herr Obersturmführer, es ist bloß eine Erinnerung an meine verstorbene Frau ...", flüstert der zitternde Kamerad Šimsa, ein schwerkranker junger Mann, der unterwürfig um das Belassen dieses Gegenstandes bittet.

„Schau mal, du Hurensohn", schreit der SS-Mann mit heiserer Stimme und zieht die Pistole, „schau mal!" Und schon wirft Pepíček Šimsa das Kettchen in die „Manege", nachdem er es übereilig zerrissen hatte, denn er konnte die Kette nicht gleich öffnen.

Der uniformierte Gestapomann schießt in die Luft, die Kugel hat sich irgendwo ins Holz gebohrt, und wieder regnet eine Menge Gegenstände in die Mitte der Zirkusarena. „Kanada" stürzt sich auf die Dinge. Dann wird alles Übrige in die Planen verpackt und sie ziehen mit der Beute ab. Wir sind wieder allein. Die Toten liegen noch zwischen uns, ein grauenvoller Anblick. Mit Stöcken und Mordwerkzeug ... Die Augen stehen noch offen, glasig, die Gesichter unkenntlich ... Vláďa Weis[s], Bieber Gottwald, ich erkenne Otto Lengsfeld, einst so glänzender Brustschwimmer und Polizist. Und andere und wieder andere ...

Es bleibt keine Zeit zum Nachdenken. Schon wieder ist es lebendig bei uns im „Zirkuszelt". Ein Obersturmführer ist wieder unter uns. „Der Mörder unter uns", das fällt mir ein. Auch meine Kopfverletzung schmerzt, es gibt jedoch keine Zeit zum Jammern. Ich binde mir ein Stück Hemd um den Kopf, und fertig. Es geht mir besser. Der Obersturmführer befiehlt: „Diesen Dreck hier", er zeigt auf die Toten, „schmeißt dort alles in die Ecke auf den Haufen!" Wir machen uns an die Arbeit, sind blutverschmiert ... eine traurige Arbeit, ein glänzender Empfang ...

Die Arbeit ist getan. „Kanada" stellt uns wieder in Fünferreihen auf. „Tsi finfe", rufen sie, viele sind hier aus Polen vermutlich, sie sind entmenschlicht, haben sich in Tiere, total verwilderte Tiere verwandelt. Werde ich mich genauso verändern, werde auch zu so einem Ungeheuer??? Lieber Gott, lass es bitte nicht so weit kommen, ich kann doch meine

Menschlichkeit und humanitären Grundsätze nicht verraten! Lieber Gott, besser dann ...

***

Draußen gießt es immer noch. Vor der Baracke übernimmt uns wieder die SS. Neben mir watet Kodl durch den Schlamm. Er flüstert: „Franta, ich habe die Uhr lieber zertrampelt! Weißt du, was Honza Rajniš [Reinisch] gemacht hat? Er hat den Diamanten verschluckt, den ihm seine Mutter heimlich hatte zukommen lassen, damit er dort etwas dazukaufen kann. Na, hoffentlich kann er ihn für sich retten."

Auch daran denken die Leute hier. Ich begreife es nicht. In diesem Elend, in dieser Umgebung – wollen sie wohl auch hier feilschen und Geschäfte machen? (Da habe ich mich getäuscht. Die Gestapo-Ungeheuer handelten hier völlig beliebig und ohne jede Regel, jedoch nur mit denjenigen, auf die sie gut zu sprechen waren, mit den Aufpassern und den Kapos.)

Sie jagen uns in einen großen kalten Raum. Es ist ein Pavillon, der Boden gekachelt. Viele, viele von uns passen hinein. Die Kapos[12] und SS-Männer stehen auf Stühlen. Sie rufen: „Alles zieht sich hier aus! Nackt! Nur Schuhe werden belassen und wer Brillenträger ist, darf die Brille behalten! Sonst alles runter. Und auf, auf, in fünf Minuten alle wie Adam!" Ja, und Bruchbänder werden von den Schweinen auch beschlagnahmt! Tempo, Tempo! Wer fertig ist, geht dort links um die Ecke ... *„Aber dalli!"* Diesen Ausdruck höre ich hier zum ersten Mal; wie oft musste ich ihn hören und leiden bei diesem Ruf ...

Chaos entsteht, Gedränge, Ratlosigkeit. Einige sind schneller, flink ziehen sie sich aus und stehen bereits ganz nackt da, andere sind ratlos ... Und schon ist „Kanada" wieder unter uns und schlägt um sich. *„Tempo, dalli, Tempo, dalli!"*, schreien sie und schlagen auf die sich Drängelnden. Einige zögern; nur ungern trennen sie sich von ihren Kleidern ... die werden ihnen vom Leib gerissen und auf eine Halde geworfen. Wir treten auf Schuhe, Hosen, Wäsche, Riemen, trampeln über Brillen und Geldbörsen, Fotos und Geldscheine, Hundertern und auch Tausendern. Überall liegen Gegenstände herum, sie erreichen bereits die Höhe von Bergen ... Und überall Geschrei und Andrang, Nervosität, schweißgebadete Gesichter, rot angelaufene Köpfe, Blut, unterlaufene Augen, Verletzungen, sogar Tote auf dem Boden ... Und immerfort das verdammte *„Dalli!“*

„Darf ich bitte das winzige Foto von meiner Frau und den Kindern behalten?“, fragt ein nackter rothaariger Mann einen nahe stehenden SS-Mann. „Du rotes Schwein!“, antwortet dieser, „du rothaariges Vieh! Was willst du damit? Damit wirst du dir hier nicht einmal ...“ – und schon rinnt aus dem von der Nagaika [sog. Kosakenpeitsche] zerrissenen Gesicht des Kameraden Blut. Er sinkt zu Boden und Massen nackter Körper drücken sich über ihn nach links, um die Ecke.

„Inferno! Inferno!“, blitzt es mir durch den Kopf. Nein, du darfst nicht fallen, du darfst nicht irre werden, nicht jetzt, und auch künftig nicht! Halt dich, Franta! Du musst all das als offene Rechnung dem Menschentribunal vorlegen und musst ein gerechtes Gericht und eine Bestrafung all derer herbeiführen, die zugelassen haben, dass so etwas im 20. Jahrhundert überhaupt vorkommt, und all derer, die es dann inszeniert und durchgeführt haben, heute, morgen, vorgestern, Tag für Tag ...

Der Kopf schmerzt. Ich fasse ihn an. Ich weiß nicht, vielleicht lebe ich nicht mehr, vielleicht bin ich bereits im Jenseits und spaziere durch die Hölle, ich weiß nicht, was mit mir geschieht, es gibt doch keine Kontrolle. Lieber Gott! Sag Du, und beantworte folgende Frage: „Lebe ich, oder träume ich nur?“

„Du lebst“, ruft mir ein Slowake, den ich bereits in Theresienstadt kennengelernt habe, zu. „Du lebst und durchlebst als Zeuge all das, was noch keiner auf dieser Welt gesehen hat, erlebt hat." Als hätte er meine Gedanken gelesen.

Die Luft hier ist zunehmend unerträglich, überall Staub und Schlamm, die man von draußen mitbrachte. Dort hinten wird geschossen, ich sehe nichts, ich will es auch nicht mehr sehen. Meine Kleider, mit allen Dokumenten und Bildern von Mutter, Sohn, Frau, liegen im Staub auf dem Boden, unbeschreibliches Durcheinander herrscht hier, Geschrei, Eile und Andrang.

Auch ich bin nun nackt. Nur die Brille ist mir geblieben. Ich will weiter, um die Ecke nach links. Jetzt sehe ich bereits einen langen Flur, den wir in Scharen passieren. Dort, weiter in der Mitte, sehe ich, dass ein mir bekannter SS-Mann die Vorbeigehenden aufhält. Ich komme näher: Schon wieder eine Musterung? Eine Schau? Ich sehe, dass er wieder selektiert. Zu welchem Zweck? Ich erkenne wieder diesen höchsten Gestapomann, der draußen im Bahnhof die Leute nach links oder rechts schickte. Auch hier „sortiert" er. Jetzt sind wir bereits informiert. „Kanada" flüsterte es uns zu. *„Links"* bedeutet Vergasung und Kremierung, *„rechts"* Nutzung als Arbeitskraft für das Reich, bis du umfällst, erschöpft und ausgenutzt. Dann wanderst du ebenfalls ins Krematorium. Also auch hier sortiert und „selektiert" Herr Dr. Mengele, ja, er ist es, ich erkenne ihn. Hier kann er wohl den Körperzustand des Sträflings besser beurteilen.

„Hallo!", ruft er einem ausgezehrten kleinen Mann zu, der sich unauffällig an den anderen Elenden vorbeidrücken wollte. *„Hallo! Hierher! Freundchen*, du bist zu dick für meinen Geschmack. Ich vertrage kein Schweinefleisch! Dorthin, Bürschchen, nach rechts!", und so zeigt er in einen Seitengang, der nach rechts in einen Raum führt, wo sich bereits eine ganze Herde von derartigen ausgezehrten, klapperdürren Männern drängt.

Nun bin ich an der Reihe. Auch mich hält Mengele zurück. „Brille?", fragt er. „Siehst Du die Fliege dort an der Decke?"

Er zeigt ans Ende des Flurs, nach oben. Ich sehe nichts. Der Strom der vorbeigehenden nackten Mannequins bleibt stehen. „*Jawohl*, sehe ich!", rufe ich laut. „Weitergehen!", heißt der Befehl. Zum zweiten Mal gerettet, doch zu welchem Leben, das habe ich erst später verstanden. Aber in solchen Augenblicken kämpft der Mensch um sein nichtiges Leben mit allen Mitteln und freut sich, dass er dem Tod entronnen ist. Jetzt wissen wir bereits alles. Es flüstert hier bereits jeder jedem zu: Wir sind in einem „*Vernichtungslager*" erster Klasse. Jeder hierher Deportierte muss hier sterben. Angeblich sind hier irgendwelche Öfen, wohin uns später die Mörder ... So erzählt man sich hier.

Der Strom der Nackten steht, setzt sich in Bewegung und so geht es weiter, bis wir einen großen Raum erreichen. Dort bleiben alle stehen. Wir sind hier zusammengedrängt, Leib an Leib. Wie unangenehm ist die Berührung der nackten Körper, man kann sich nicht von der Stelle rühren. Auch hier herrscht Lärm, Geschrei, eine unerträgliche Hitze.

Es muss mindestens Mitternacht sein. Ich bin todmüde. Wir sollen angeblich rasiert und geschoren werden. Wir stehen auf dem Steinboden, dicht aneinandergedrängt. Ich hänge irgendwie in der Luft, denn auf meinen eigenen Beinen kann ich nicht mehr stehen. Dort vorne, bei den undurchsichtigen Fenstern, sitzen etwa zwanzig Sträflinge in gestreifter Kleidung. Vor jedem von ihnen sitzt ein „Opfer": ein neu angekommener nackter Mensch, den der Gestreifte am Kopf packt, etwas drückt, und in zwei Minuten ist das Opfer kahlgeschoren. Die „Gestreiften" unterhalten sich während der Arbeit, lachen, lärmen. Vermutlich machen sie sich über uns lustig. Ich kann sie nicht verstehen, es ist zu laut hier, und ich stehe immer noch ziemlich weit entfernt, ich stehe ganz hinten. Nun fange ich an, mich auch zu drängeln wie alle anderen, damit ich früher abgefertigt werden kann. Ich erkenne die Sprachen der „Gestreiften": Französisch, Italienisch, auch Griechisch. Unter ihnen befindet sich ein Kerl, der wie ein japanischer Ringkämpfer aussieht. Der spricht uns laut an, lacht und schwitzt. „Wisst ihr, wo ihr seid, ihr Viecher? In einem schönen Schlamassel. Morgen werdet ihr bereits im Ofen knistern. Oooh, das wird aber duften! Tschechen, ja, ja, die kennen wir! Lauter bessere Gesellschaft! Na, danke, nein. Hauptsache ist, ihr Stänker, dass ihr genug Gold im Maul habt, damit die Jungs von der ‚SK' einen schönen Reibach haben!" (So ruft er uns in einem verstümmelten Polnisch zu. Mit „SK" meint er das *Sonderkommando*, das bei den vier Krematorien von Auschwitz arbeitete.)

Ich sitze bereits auf dem Hocker, der Friseur – besser gesagt der Metzger – drückt meinen Schädel nach unten und schneidet. Langsam fallen die Haare zu Boden. Ich spüre etwas wie Kälte auf dem Kopf. Erst eine Ohrfeige bringt mich zurück ins Leben. *„Aufstehen!"*, schreit mein Hofbarbier. „Du Idiot! Es gibt von euch so viel wie Kuhscheiße! Und du sitzt wie zu Hause beim Friseur! Wünscht der Herr eine Zeitung?" Ich springe auf und werde gleich von dem Rohling in den nackten Körper gekickt. Es schmerzt! *„Der Nächste!"*, ruft der Metzger. Wir sind eingeschüchtert, denn auch hier wird jetzt geschlagen und geprügelt. Auch hier fließt das Blut an den nackten Körpern herunter, auch hier schreit man, hie und da heult man auch, vor Schmerz. Jeder ängstigt sich, wir haben Angst; wie soll es weitergehen, lieber Gott? Wäre es nicht besser, jetzt schon zu sterben?

Wir wandern weiter, wieder „links, um die Ecke". Der nächste Raum, ein Steinboden, aber nicht kahl. Ich denke, auf den Boden kann man nicht schauen, dass hier ein Teppich ausgelegt ist. Auch hier, bei den mit Milchglas ausgestatteten Fenstern, sitzen zehn „Gestreifte" mit dem Gesicht zur Menge. Sie rasieren die Körper ohne Seife, mit stumpfen Rasiermessern, wie ich sehen kann. Überall Blut und schreckliche Verletzungen. Anschließend untersuchen sie auch die verborgensten Körperpartien, sie suchen nach Edelsteinen. Diese Kerle essen bei der Arbeit: Weißgebäck, Brot mit Leberkäse, Salami; der eine zeigt dem anderen, was er heute draußen auf dem Bahnhof gestohlen hat. Es sind unsere Nahrungsmittel, unser Essen, das wir mitnahmen in das ruhmreiche Großdeutsche Reich, wo wir als freie und gleiche Arbeiter am Aufbau des neuen Europas arbeiten sollten. So meldete es Herr Möhse noch vorgestern im Hof der Hamburger Kasernen in Theresienstadt: *„Deutschland siegt an allen Fronten für Europa*". Auch hier, an dieser Front, ist es am Siegen für Europa, klar, aber Europa weiß wahrscheinlich nichts davon ...

Meine Rasur ist nun fertig. Der schmatzende Scherge hat meinen Leib nach allen Regeln der Kunst abgekratzt. Unsere Jungs gehen weiter, im nächsten Raum heißt es „Bad". Gehen wir nicht bereits ins Gas, wie uns gerade ein Holländer, ein erfahrenerer „Auschwitz-Bürger" andeutete? Wir ängstigen uns. „Kodl!", rufe ich dem Kameraden Suchařípa zu. „Komm, wir werden uns ein bisschen drücken. Für das dort haben wir noch genug Zeit!" Gut. Wir bleiben noch im „Friseurraum", bleiben an der Wand in der Ecke stehen. Jetzt erst sehe ich, wieso es sich unter uns auf dem Boden so weich anfühlt. Ich schaue mich um, es sind Frauenhaare. Lange, wunderschöne Haare, blond, brünett, schwarz, braun, sogar rot. Ach so, jetzt weiß ich! Auch den Frauen hat man hier die Haare abgeschoren. Ich denke an meine Frau. Wo befindet sie sich im Augenblick? Ist sie nach links oder nach rechts geschickt worden? Lebt sie noch? Karel und ich lassen uns auf den Boden sinken. Nackt sitzen wir auf dem seltsamen Teppich aus Frauenhaar ... Wir schlafen ein, auch wenn das Licht hier, in dem verdammten, heißen Raum, so seltsam brennt, schmerzt.

Ich springe auf, habe Angst, denke, dass ich wahnsinnig werde, ein Schauder erfasst mich, ich zittere, das Blut steigt mir in den Kopf. „Karel, Karel!", rufe ich, „ich denke, dass ich verrückt geworden bin!" Ich möchte rennen, kann aber nicht, stoße auf nackte Leiber. Mein Gott, hilf mir! Ich bin wahnsinnig geworden! Noch zittere ich, die Angst schwindet, eine seltsame frostige Kälte breitet sich in meinem Körper aus; ich bin ruhiger, vielleicht sind es die Nerven, eine Neurasthenie, darüber habe ich einst irgendwo etwas gelesen ...

Ich trete ein ... brrr, kalt ist es hier. Je fünfzig dürfen ins Bad. Wir gehen unter die Duschen. Neue Schergen lassen das Wasser an. „Heiß!", ich springe weg, dann frostig kalt. „Weg!", schreit der *Bademeister*. Er jagt uns mit einem Knüppel in den Vorraum. Dort werden wir von einem anderen Tobenden auf dem ganzen Körper mit einer seltsam braunen Tinktur beschmiert, es brennt. Und so, wie wir uns befinden, nackt und nass, müssen wir in den Hof in den Schlamm, der uns im Nu neue „Schuhe" liefert, der Schlamm spritzt bis in die Nase. Wieso dann das Bad? *„Dalli, dalli!"* Schon wieder werden wir gejagt, es friert. Wir sind nass, müssen hier rundherum laufen, damit uns angeblich warm wird. Viele finden sich hier bereits ein. Wir müssten auf die anderen warten, bis sie geschoren und gebadet sind. Wir rennen im Kreis, wie im Zirkus. Eine seltsame Schau, jeder von uns schnauft wie eine Maschine. In der Mitte der „Manege" steht ein „Kanadier" und erteilt Befehle: „Umkehren!" Der Reigen der Nacken dreht um. Ich kann nicht mehr ... Eine Menge Männer liegt bereits auf dem Boden. Ein nächster Trupp „Kanadier" nähert sich: In den Händen Schläuche, spritzen sie auf die liegenden Kameraden. Jetzt heißt der neue Befehl: „In die Umkleide!" Wir rennen in einen größeren Bau. Wieder ein Steinboden. Wieder sind wir zusammengepfercht. Wir warten. Dort, auf der anderen Seite des Raums, hinter einer Barriere, amtieren „ältere" Sträflinge, eine Art Beamte. Sie schreiben. Neben ihnen auf dem Boden befinden sich Haufen von Lumpen, Holzschuhen. Nach und nach werfen sie uns Kleidungsstücke zu. Ich habe ein altes, zerrissenes Sakko gefangen, eine mit Blut befleckte Hose. Ein anderer Beamter wirft mir ein Barett zu, ein seltsames Stück, wie für eine Zirkusvorstellung, so wie wir vor dreißig Jahren „mariňáčky" [Matrosenmützen] getragen haben. Und auch „Schuhe" habe ich bereits, zerlatschte Holzpantoffeln. Welcher Seelige trug sie vielleicht noch gestern ...? Gas, Gas, Gas und dann Feuer ... Und was wir, was ich, was meine Frau, was meine Mutter, die vielleicht schon übermorgen hierher verschleppt wird ... und an der Rampe? „*Rechts*" wird der Befehl von Dr. Mengele klingen, sie ist siebenundsechzig Jahre alt und halb erblindet ... Mein Gott, was nun, wie weiter?

„Gorilla!", ruft mir einer der „Gestreiften" zu, „ein Hochzeitshemdchen? Da, du *blöde Mistsau, blöder Misthund!*", und er wirft mir einen Lappen zu. Ich ziehe mich an. Die Kameraden kann ich nicht mehr erkennen. Den besten Freund, mit dem ich täglich zusammen war, erkenne ich nicht. Die Gesichter irgendwie langgezogen, Augen aufgerissen, alle sind so gelb im Gesicht und der seltsame Ausdruck in den Augen! Eine einheitliche Sorte ist aus uns geworden, einer wie der andere, nur in der Größe ist ein Unterschied ...

Was für eine Verwandlung, mein Gott, in wenigen Stunden! Und was haben wir auf dem Rücken? Eine Art kleine Fenster und in ihnen diese Streifen, so wie die Anzüge unserer Vorgesetzten. Manche von uns haben auf dem Rücken ein riesiges rotes Kreuz und auf der Hose rote Generalslampassen; auch ich habe so einen Anzug, ich bin ein General geworden ... ein höchst sonderbares Theater, ein wahnsinniges Theater! Was beabsichtigen sie mit all dem hier? Ich kann nicht mehr denken, bin müde, es bricht wahrscheinlich bereits der nächste Tag an. Ich zittere vor Kälte und Hunger ...

Und dann wurden wir, am 3. Oktober anno domini 1944, in die Baracke VIII des „Zigeunerlagers" in Rajsko[13] getrieben, wo für uns all das Martyrium beginnen sollte, das von einem Übermenschen der germanischen, also höheren Rasse ausgearbeitet worden war, um auf diese Weise einen neuen Europäer zu erziehen, der dessen würdig wäre, ein

Mitbegründer und Miterbauer eines *Neuen Europas*, eines glücklichen Europas unter der Führung des Großdeutschen Reiches und ihres genialen Führers und Giganten der gesamten Geschichte, Adolf Hitler, zu werden.

Es war damals eine Nacht voller Schrecken, diese erste Auschwitz-Nacht, als sie uns in das berüchtigte *Zigeunerlager* hineingetrieben haben. (Es lebten in ihm davor an die fünfzigtausend Zigeuner aus Mitteleuropa. Während eines Monats wurden sie vergast und verbrannt, das Lager wurde dadurch frei und diente dem Aufenthalt all derer, die hierher aus dem gesamten Europa als „arbeitsfähig" verschleppt wurden, um von hier aus auf diverse Stellen Deutschlands dirigiert zu werden, in die Fabriken, Bergwerke, Wälder, wo sie dann Frondienste bis zum letzten Atem, bis zur Vernichtung leisteten.)

Im „Block" waren wir etwa eintausend. Er wurde als „*Schleusblock*" bezeichnet. Angeblich würden wir von hier aus weiter arbeiten gehen. Von den älteren Transporten waren hier im Block bereits etwa fünfhundert Männer, nun kamen wir dazu. Wir wurden hineingepfercht wie die Ölsardinen in die Büchse. Ein Stall, in der Mitte eine Art niedrige Schanze aus Stein, rechts und links mussten wir uns setzen, angezogen, auf den kahlen Steinboden, aber so, dass wir zwischen den Beinen einen Kameraden halten konnten und hinter uns am nächsten angelehnt sein konnten. Ein Theater war das! So „schliefen" wir etwa zwei oder drei Stunden. In der Baracke war es kalt, es war dunkel und überall viel Staub, Geschrei und Gejammer. Im Block hier ein angestellter „Blokouš",[14] ein Rohling erster Klasse, er rannte auf der Schanze hin und her und schlug mit der Nagaika in die Menschenmasse auf dem Boden ... rechts, links, rechts, links.

Eine wahnsinnige Nacht war das damals! Hunger, Hunger und Kälte. Austreten durften wir nicht. Von den zehn Aufpassern waren fünf Knaben zwischen sechzehn und siebzehn. Und das waren die Schlimmsten. Auch sie, mit einem Holzstab ausgestattet, leisteten gute Arbeit. Viele von uns konnten es nicht mehr aushalten, machten unter sich, sodass wir im Nassen saßen. Ich muss aber heraus, ich muss kotzen! „Bitte“, bettle ich bei einem der Bübchen. Sie haben hier in der Ecke nämlich, auf beiden Seiten des Eingangs in die Manege (immer noch erinnert es mich an einen Zirkus, einen Zirkus von Grauen und Wahnsinn), eine Art Etagenpritsche und decken sich mit so seltsamen Decken aus rotem Stoff zu. Auch sie schlafen angezogen. Ja, sie, die Schergen hier, haben einen Platz, wo sie sich hinlegen können, aber wir, der gemeine Sträflingspöbel, müssen auf dem Beton sitzen ... vielleicht auch morgen, übermorgen, jede Nacht, bevor sie uns in den Ofen treiben werden ...

Der Junge ließ mich gehen. Ich bin draußen. Der Himmel glüht rot. Ich gehe an der Baracke entlang. Grauenhaft! Dort unweit hinter dem Wald aus Draht, hinter Hunderten von Blöcken, sehe ich in der Ferne ein dunkles Gebäude und über ihm schlagen die Flammen in die Höhe. Ich weiß: eins von vier Krematorien, wie uns gesagt wurde ... Schon übergebe ich mich, es drückt mich zu Boden; und da hält mich jemand, hilft mir, damit ich nicht das Gleichgewicht verliere. Es ist ein älterer Mensch, gestreift, ich vertraue ihm nicht ... Er spricht ein schönes Französisch: „Hab' keine Angst, mon camarade, ich bin aus Paris, ein ‚Roter‘, früher Redakteur bei der ‚L'Humanité‘“ ... Redakteur? So ein Zufall! „Moi aussi, mon camarade!“, antworte ich. Er erzählt. Er kam bereits vor einem Monat. Seine Frau und die beiden Kinder, sieben und neun Jahre alt, wurden vergast, er weiß das. Er zeigt zum Krematorium. „Es geht hier tags und nachts, siebentausend werden so in 24 Stunden vernichtet. Dieser ist nur einer der vier Öfen von den vier Gaswerken. Ich denke, dass sie bereits einige Millionen „erledigt“ haben. Es gibt keine Aussicht, Junge! Auch wir, du und ich, müssen 'rein!“ Und er zeigt weiter auf die Lichter hier überall, auf die Rückstrahler, die Wachtürme rundherum, in denen tags und nachts

SS-Männer mit Maschinengewehren sitzen. Er erzählt mir von der Hochspannung in all den Drähten und sagt mir Gute Nacht und Au revoir. „Dort in den ‚Bäckereien!', mon cher! Au revoir et bonne nuit!" Ich bin allein, ich friere. Ich schleiche zurück in die Baracke, in das Gewimmel der Schlafenden komme ich nicht hinein ...

So stand ich damals die ganze Nacht auf einem winzigen Platz am Eingang und wartete auf den Tod ... Er kam nicht. Nur Schmerz durch Schläge mit einem Ochsenziemer, von einem kleinen polnischen Jungen. Das war die Strafe dieser Nacht. Wie viele solcher Strafen kommen noch und warum? Für welches Vergehen?

So verging die Nacht. Der Morgen, halbdunkel noch, etwa vier oder fünf Uhr mochte es sein. Der „Blokouš" amtiert schon wieder mit dem Knüppel, die Kleinen mit Stöcken. Der „Blokouš" ruft: „Die Tätowierten nach rechts, die Nichttätowierten nach links! Unter uns befinden sich die älteren, bereits tätowierten Transporte und warten genau wie wir auf die Abfahrt zur Arbeit, irgendwohin weg von hier, ins Reich. Wenn man nur so schnell wie möglich von hier wegkommen könnte, weg von dem verdammten Feuer! Diese nächtliche „tsauna" [Sauna], wie man hier die Prozedur des Rasierens und des Badens nennt, hat mich ziemlich umgehauen. Ich bin fürchterlich erkältet. Ich huste.

Sie haben uns in die Kälte gejagt. Angeblich wird ein Appell stattfinden. Wir stehen zwischen Block VIII und Block IX des Zigeunerlagers, im breiigen Schlamm. Einige sind zum Teetragen abkommandiert. Sie schleppen einen Kessel mit heißem Wasser, es entsteht ein Gedränge und Herumstoßen, Beschimpfungen. Ich versuche an den Kessel heranzukommen, es geht nicht; ich würde viele Schläge ernten, denn der „Blokouš" und sein Gefolge sind wieder aktiv. Aber egal. Der eine trinkt aus und reicht die Schüssel dem nächsten, so trinken tausend Personen aus etwa zehn Gefäßen, der Gesunde nach dem Kranken, unrasiert, ungewaschen, ohne den Mund ausgespült zu haben, wir sind ohne Handtuch, ohne Zahnbürste, ohne Seife ... Wie schaffen wir es in der Zukunft, wie kann man so leben? Es gibt keine Antwort auf solche Fragen. Und es sollte noch schlimmer, noch viel schlimmer kommen! Wir frieren vor dem Block. Wir warten auf den Appell, eine Stunde, zwei, drei. Vor Kälte und Hunger können wir nicht mehr stehen. Vor Kälte hüpfen, frieren und zittern wir ... Und die Gesichter! Die fürchterlichen Gesichter mancher von uns, die Veränderungen nach einer einzigen Nacht, das vergesse ich nie. Keinen habe ich erkannt. Na klar! Der Seelenbruch über Nacht, das Grauen um uns herum, das unbeschreibliche Vegetieren in der Masse, der Gestank von den Krematorien überall hier ... Ja, man konnte es riechen, denn hier wurden doch menschliche Leiber, Menschenknochen, Haut und Haare verbrannt. Ja, der da neben mir war noch gestern ein gewisser Arzt aus Kladno, wo er für seine Güte, Menschlichkeit und sein Geschick beim Heilen beliebt war. Ich bin nicht sicher, ob er es ist, vielleicht ist er es, aber heute ist das Gesicht so furchtbar lang und schmal, die Wangen derart eingefallen, ich möchte ihn nicht fragen ... Und hier, ist das Jirka, ein lustiger Theresienstädter Kamerad einst und ein ausgezeichneter Theater-Laienspieler? Ich weiß wirklich nicht, vielleicht träume ich bloß von diesen Jungen, vielleicht schlafe ich noch irgendwo in der Theresienstädter Jägerkaserne?[15]

So standen wir dort draußen vielleicht bis elf. Dann wurde „Abtreten" befohlen. Wo aber konnten wir hin? Nirgendwo. Und ich wollte auch nicht weiter als bis zu der „großen Latrine", wo man auf einer steinernen Grundmauer saß wie im Hühnerstall auf der Stange, einer neben dem anderen. Wir saßen dort auf solchen seltsamen runden Öffnungen, unter denen eine winzige gemauerte Grube war. Hier saß ein Russe neben einem Polen, ein Tscheche neben einem Franzosen, in Grüppchen sprach man hier miteinander. Worüber flüsterte man so? Über Kremation, über Vergasung, man merkt, es sind neuere Transporte, denn sie sind noch so entsetzt. Die Älteren, die sind bereits eingewöhnt, die unterhalten sich nur darüber, wie die Suppe gestern war und wie viel es davon gab, und wo sich etwas organisieren lässt, das bedeutet hier mausen. Ich begegnete auf der Lagerstraße Russen mit einem großen „S[owjet]U[nion]" auf dem Rücken, ferner vielen, vielen „Grünen" mit einem kleinen grünen Dreieck auf der Brust, das waren Kriminelle, die Roten waren aber in der Mehrheit. Lebendig war es hier. Gruppen, die nach dem bekannten Theresienstädter Tempo einen Wagen schoben, von den „Gestreiften" begleitet, Elektriker, Straßenfeger, und stets und überall hin und her eilende, schwer bewaffnete SS-Männer in Begleitung diverser Kapos, *Lagerältester*, Blockführer und anderer Schergen.

Ich fürchtete, dass ich den Weg verfehlte. Von der Latrine, auf die bis zu zweihundert Leute passten, konnte ich den „Heimweg" zu unserem Block VIII nicht finden. Gott sei Dank, ich sehe bekannte Gesichter. Die Jungen stehen beim „Draht" und unterhalten sich darüber. Hinter dem Draht ist ein anderes Lager, ich sehe die gleichen Blöcke in Grün, die gleiche Einrichtung.

„Achtung! Gefahrenzone!", und ein Totenkopf. Wir fürchten uns nicht, stehen in der Gefahrenzone, an dem mit Strom geladenen Draht. Wir reden mit uns bekannten Jungen, etwa 16-jährigen, die wir noch aus Theresienstadt kennen. Sie sind hier aber bereits seit einem Jahr. Wir wissen es. Wir erinnern uns daran, wie sie weggefahren sind mit den Eltern und Geschwistern. Sie lachen über uns. Wir fragen sie, wie sie es geschafft haben, dass sie „blieben". „Wir sagten, dass wir neunzehn sind." Möglich ist es. Sie sehen im Gesicht aus wie zwanzig, ihre Körper aber wie zehn. „Was ist mit dem Vater, Arnošt?" – „Im Ofen." – „Und deine Mama?"– „Im Ofen!" – „Und die Schwestern?" – „Im Ofen!" – „Und fragt nicht! Alles ist im Arsch! Was sollen wir euch hier lange erklären! Denn auch ihr müsst zur Hölle fahren!" Sie lachen und gehen weg, mit den Händen in den Taschen, ohne Gruß, Mitgefangene auf dieser Insel der Ausgestoßenen, der an Lepra Kranken ...

Es wird geschossen am Draht, denn auch andere versuchen, mit dem Nachbarlager zu sprechen. Wir laufen auseinander, laufen zum Block, zu „unserem" Block, wo wieder ein Fraß verteilt wird. Es ist Mittagessenszeit.

Wieder wird geschlagen, überall und jeder. Man wirft uns in die Mützen ein paar Kartoffeln mit Schale. Wir verschlingen sie, wir sind hungrig. An uns vorbei rennt ein Knabe, er pfeift. Es ist ein sogenannter Läufer, davon gibt es hier hunderte und hunderte. Er pfeift, damit wir Brot fassen gehen. Wir ziehen das Brot in den Block. Und wieder Rauferei, Schläge und Geschrei. Ich bekam nichts, obwohl ich das Brot allein abgeholt hatte; ich konnte an den Blockführer, den „Blokouš", nicht heran. Er hat nicht mehr ausgegeben. Die Kerle fraßen dann das Brot selber, so wie immer.

Das „Mittagessen" ist vorbei. In den Block dürfen wir nicht, dort wird angeblich geputzt. Geputzt? Was wollen sie aufräumen, die vier Wände? Und den ständigen Staub in der Luft? Wir sind draußen, es friert. Ich streife an der Lagerstraße entlang. Da sehe ich, dass etwas geschehen ist. Sie führen Flüchtige, Sträflinge, die vielleicht aus dem Lager von 467 Hektar geflohen waren. Sie führen sie. SS voll bewaffnet. Kapos, Blockführer und andere aus der „Creme der Gesellschaft". Sofort wird es hier lebhaft und das wollen die Herren von der SS gerade, denn sie müssen uns vorführen, wie man mit einem Geflüchteten umgeht. Die Kapos hauen und stoßen die Wehrlosen mit den Füßen. Alles bleibt stehen. Wir rennen von allen Seiten heran zu dem Getümmel auf der Straße. Dort schlägt man erbarmungslos auf die Kameraden ein. Etwa zwanzig sind es. Sie liegen auf dem Boden und bluten aus den tiefen Wunden am Kopf. Sie atmen schwer, wie auch die Kapos, die sie zu Tode schlagen. Die Angelegenheit ist in fünf Minuten erledigt. Die Leichen, fürchterlich verunstaltet, müssen wir, die es sich angeschaut haben – denn zurück durften wir nicht mehr –, mit Stöcken stützen, und so umsäumen wir mit den toten Kameraden die Lagerstraße.

Sie standen dort drei Tage. Dann wurden sie zur Kremation gebracht. Und so haben wir hier öfter diese Symbole der germanischen Verwilderung zu sehen bekommen: Jeden zweiten Tag schmückten die Stöcke mit Leichen den Rand der Lagerstraße, es waren manchmal fünf, ein anderes Mal zehn, es konnten auch fünfzig sein. Auf diese Weise haben die Hitlerianer an die sechs Millionen Menschen, unschuldige, nicht verurteilte, nichts ahnende Menschen, durch Gas, Feuer, Stöcke, Erwürgen, Hundebisse vernichtet.

Oświęcim, Oświęcim, nicht einmal ein Vogel fliegt über diese traurige, stinkige Fläche im Sumpf, nicht ein einziges Blümchen findest du hier – auch im Sommer nicht – nicht mal die Sonne scheint hier durchzublicken ...

Nur die Flammen lodern unweit von dort, und diesen seltsamen Gestank von Verbranntem spürst du ständig in der Nase ... Und diese Angst vor dem furchtbaren Feuer ... Der Mensch ahnt hier nicht, wann er selbst dran ist. Man arbeitet hier nicht viel, denn man wartet auf den verdammten Transport, wo man doch weiter weg gelangen würde von den Öfen, auch wenn es dennoch unser Schicksal ist, sei es in Gleiwitz, Janina, Javořno oder Blechhammer und Heidebreck![16] Einmal bist du dran, Junge, einmal bestimmt!

Tag für Tag geht vorbei und Nacht für Nacht, wenn wir die ganze Zeit auf dem Beton sitzen und nicht schlafen, mittags raufen wir uns um den Fraß oder um die Kartoffelschalen, hin und wieder werfen wir einen Blick auf die Schornsteine, wo man „fröhlich“ verbrennt. Und wir warten, entweder auf den Arbeitstransport oder auf den Transport in den Ofen. „*Himmelfahrtskommando*“ sagt man hier dazu. Heute soll bei uns eine „Selektion“ stattfinden ... also ich weiß nicht ...

***

Sie fand statt. Gründlich. Sie jagten uns hinaus, vor die Baracke, gänzlich nackt, wie Gott uns schuf. So standen wir zwischen den Blöcken, an denen Aufschriften angebracht waren, die kranke Nazihirne kreiert hatten, wie „Eine Laus, dein Tod!" – „Durch Arbeit zur Freiheit!" (Zu welcher Freiheit? Vielleicht zu der, die an den Wänden der Gaskammer endet?) Und ferner ein Slogan, der mir bis heute unbegreiflich ist: *„Einer spinnt immer!"*, und dieses *„Einer spinnt immer!"* fand ich überall, an jedem Block, an den ich kam.

Wieder die Nackten draußen bei Frost. Von allen Seiten drängte man sich wirr durcheinander. Wir bibberten nicht nur vor Kälte, sondern auch vor nervöser Anspannung. Ein Teil von uns stand schließlich links, einer rechts. Und wieder erkannte ich Dr. Mengele mit Gefolge. Er stand in der Mitte seiner Begleiter und zeigte mit einer Peitsche, wo der angetretene Nackte nach der Besichtigung hinzugehen hatte: entweder zurück in unseren Block oder aber in den benachbarten, wo er sofort „interniert" wurde. Es defilierten hier auch Nackte, die vor einer Woche aus Polen angekommen waren. Lauter Skelette und sie wanderten auch sofort in den Block der „Auserlesenen". Es war ein schauerlicher Anblick, die riesigen Schädel auf den wackeligen Skeletten, die mit gelber Haut überzogen waren ... Das kann man nicht aus dem Kopf bekommen! So selektierte man täglich in drei bis vier Blöcken und immer auf die gleiche Weise. Die Schwächeren liefen durch eine Kette von sogenannten Stubendienst-Leistenden und man schloss sie in den Block nebenan. Abends dann wurden sie auf Lastern transportiert, nackt wie sie waren, nicht mal ein Hemd, direkt in die Kremation. Ich habe sie gesehen. Es waren etwa hundert an der Zahl. Sie schauten so traurig vom Wagenkasten herab, ich denke, dass sie nicht einmal mehr froren. Einige riefen, zwei tanzten, ja, ich sah es: Sie waren wahnsinnig geworden.

Doch waren hier auch ältere „Insassen", die diese Selektionen bereits kannten. Sie versteckten sich unter den Pritschen der Stubendienstler. Ein junger SS-Mann, ich denke, dass er ein Rumäne war, ging in den Block und fand sie dort. Er erschoss sie direkt dort auf dem Boden, wo sie versteckt unter den Pritschen lagen. Es waren zwölf Männer. Wir mussten sie noch in derselben Nacht auf dem Rücken zur Gaskammer I tragen. Dort wartete auf uns das SK, das Sonderkommando. Einer von ihnen, der Pole Wyrczbianski, den ich vor Jahren bei den Winterspielen in Zakopane kennengelernt hatte, erkannte mich. Und ich ihn auch. Und so sagte er mir in der sehr kurzen Zeit, in der wir miteinander sprechen konnten, so manches. Es war unglaublich! Er selbst arbeitete bei den Kammern bereits die dritte Woche und wusste, dass er nach zwei Monaten selbst vergast werden würde; es war schauerlich! Er erzählte mir von der Vergasung, die gerade vor etwa einer Stunde stattgefunden hatte. Es war angeblich viel zu tun: Die SS jagte gegen Abend einen neuen slowakischen Transport in das „Gaswerk", und da riss angeblich ein hübsches junges Mädchen, eine professionelle Tänzerin, einem der SS-Männer das Gewehr aus der Hand und in dem Moment fielen drei Gestapomänner tot um. Die Nackten, Männer und Frauen, meuterten, sie wollten die SS-Männer überfallen ... Vergeblich, die Überzahl war mächtig, und was schaffen nackte Frauen, Kinder und Greise ohne Waffen? Sie wurden alle hineingepfercht ... und ordentlich vergast.

Wyrczbianski flüstert: „Du kennst mich, ich lüge nicht! Aber das alles, was hier geschieht, das gab es noch nie, solange die Welt besteht! Und wie viel Jammern, wenn wir sie hierherführen! Die Leute wollen wegrennen, man schießt auf sie wie auf Hasen! Frauen, ganz nackt, mit Kindern auf dem Arm, wir müssen sie in das Gaswerk treiben, mit Stöcken, das ist furchtbar! Und am schlimmsten sind diese Muselmänner,[17] diese armen Schlucker, ausgemergelt, überarbeitet, verbraucht! Und Juden, die jagen wir hierher direkt von dem Zug aus, ohne Nummer, ohne Namenangabe, ohne Registrierung, wie das Vieh!"

Ich stand dort am Krematorium gute zwanzig Minuten mit einem polnischen Journalistenkollegen. Angeblich gab es vier Krematorien, dieses da ist das Neueste: ein länglicher niedriger Bau mit einem Riesenschornstein, der zu neun Öfen mit einer Kapazität von acht Tonnen bei zweitausend Grad Hitze gehört. Im riesigen angrenzenden Saal von sechzig Quadratmetern mit Betonboden ziehen sich die nichts Ahnenden oder nicht wissen wollenden Unglücklichen aus. Dann werden sie in das „Gaswerk" von etwa dreißig Quadratmetern getrieben. Durch die abgedichteten, vergitterten Fenster werden Zyklon-Portionen hineingeworfen. Innen spielen sich dann Szenen ab, die kein Schriftsteller, selbst bei der lebhaftesten Fantasie, sich ausdenken könnte.

„Wir haben hier noch drei weitere Öfen, viel moderner", erläuterte Wyrczbianski. „Und so werden täglich bis zu siebentausend vergast. Bis heute angeblich um die sechs Millionen! Davon etwa viereinhalb Millionen Juden. Durch Auschwitz kamen etwa zehn Millionen, so sagt man. Na, und die modernen Hinrichtungsstätten, weißt du, die sehen folgendermaßen aus: elegante, geflieste Bäder mit den modernsten Duschen. Vor dem Eintritt in die Kammer kriegst du sogar Seife und Handtuch und der SS-Mann sagt dir, dass du die Nummer des Hakens, auf dem du deine Kleidung und Wäsche aufgehängt hast, nicht vergessen sollst. Also, prima Garderoben! Diese Gaswerke befinden sich unter den Öfen und vergasen perfekt, in etwa vierzehn Minuten tausend Personen. Statt Wasser lässt man nämlich dieses Mittel, ‚Zyklon', strömen, nu, und dann fallen wir etwa zwanzig Minuten nach der Öffnung ein und ziehen mit diesen Haken" – Wyrczbianski zeigt auf einen Haufen bizarrer Stöcke, die man bei uns in Prag in den Schwimmbädern benutzte, um Ertrunkene zu suchen – „diese Wachsfiguren wie im Panoptikum zum elektrischen Aufzug, der jeweils fünfzehn bis zwanzig Stück zu den Öfen hochzieht, wo eine furchtbare Gluthitze herrscht. Das machen die Ventilatoren, die die Luft unter dem Rost ins Feuer treiben. In den Öfen verbrennen wir sie schön, jeweils zwölf Stück. Die Schornsteine dort auf der anderen Seite sind etwa zwanzig Meter hoch und die Flammen steigen bis zu zehn Meter in die Höhe. Wenn wir aber *Sonderarbeit* haben, das bedeutet, es kommen mehrere Transporte auf einmal, sagen wir mal aus Theresienstadt und Polen zugleich, dann herrscht hier ein Rummel, das kann ich dir sagen, Junge! Dann reichen die Gaswerke nicht mehr und wir verbrennen aufgestapelt da drüben im Wald. Schön legen wir Schicht auf Schicht, übergießen mit Benzin und zünden an. Es brennt ratz fatz. Aber der Gestank, Frantík, der Gestank! Willst du nicht auch zum SK? Ich würde mich dafür einsetzen! Du wirst gute Zeiten haben! In drei Monaten gehst du aber in die Röhre, aber das hast du einerlei: Eines Tages musst du doch da rein ... Und der Krieg? Der wird nicht so schnell zu Ende sein! Die Asche der Seligen werfen wir in den Fluss ... ja, und nun muss ich in den Bau. Mach's gut!" Und schon war er weg. Auch wir mussten zurück in den Block. Damals bin ich in der Nacht ohnmächtig geworden.

***

Wir warten, wissen aber nicht, worauf. Besser gesagt: wir wissen, worauf. Entweder auf den Transport heraus in eine Fabrik oder ein Bergwerk oder auf das „*Himmelfahrtskommando*". Man ist bereits stumpfer geworden. Tage und Nächte sind endlos, diese Zeit ist die grauenvollste meines Lebens. Jeder von uns weiß, dass wir verloren sind, man spricht nicht mehr so viel darüber – und das Sterben geht weiter. Nie war uns das Leben, das allerallereinfachste Leben so begehrenswert wie jetzt. Ich denke an Uhlířské Janovice, wo ich immer im Sommer die Ferien bei meinem Opa verbrachte. Damals war ich etwa zehn Jahre alt. Der rote Mohn in den Wiesen und Feldern, alles duftete so, die Sonne schien, ich saß am Rand des Roggenfeldes und hörte, wie die

Käferlein im Gras summten. Ich brachte dem Opa, der Feldarbeiten beaufsichtigte, das Käffchen hier heraus und dazu das echte Bauernbrot. Ich wartete, bis er vom Feld kam und sich neben mich setzte. Mein liebster Opa, nun bin ich dran! Leben, Leben, Leben! Herbst 1944. Nie war das Leben so bitter und so grausam wie in den Stunden von Oświęcim, im Schatten der Krematorien, unter dem Schein riesiger Flammen, wenn blasse Gesichter auf dem schmutzigen Betonboden liegen und Hände krampfhaft angespannt heftig deuten: nein, nein, noch nicht! Und warum sollen wir sterben, warum? Es gibt keine Antwort ... das Gewissen der Menschheit schläft, wie lange schon und wie lange noch?

„Wir sind schon wieder da! Wir sind schon wieder da!“ Ich höre einen Chor so singen, während ich mich zur Latrine begebe. Ja, dort oben auf der Lagerstraße geschieht wieder etwas. Eine Schar Häftlinge, eng aneinandergedrückt; sie sind etwa zu fünft. Sie werden von einer Gruppe SS-Leute geführt, die von etwa zwanzig Schäferhunden begleitet wird. Die Hunde stammen von der berüchtigten *„Hundestaffel“*. (Zu der Zeit hatten wir in Oświęcim etwa 1500 extra dressierte Deutsche Schäferhunde, eine sogenannte *Hundestaffel*. Diese Tiere sprangen auf Befehl dem Häftling an den Hals und töteten ihn durch einen einzigen Biss.) Unsere Jungen werden gezwungen zu singen. Den Ton befiehlt der vorne marschierende SS-*Sturmführer*, ein Riese. Es hört sich an wie ein atonales Gegröle von Besoffenen. Abgehauen sind nämlich diese Sträflinge und wurden eingefangen, was auf sie wartet, das weiß ich und werde es sofort auch sehen. Die Schar ist mitten auf der Straße stehen geblieben. Die SS-Männer umringen die fünf Unglücklichen und schon schlagen sie mit den Gewehrkolben auf sie ein, nur etwa fünf Minuten lang. Das hat gereicht. Und wieder bin ich beim „Aufräumen“. Wir schleppen die Toten, die furchtbar am Kopf bluten, zum *„Baderaum“* VI. Dort übernimmt sie der *Bademeister*. Ich renne „nach Hause“. Es ist bereits dunkel. Hoffentlich werde ich

heute schlafen. Nein, es wird mir nicht gegönnt. Der Blockführer kam plötzlich auf die Idee, eine Kontrolle durchzuführen. Und als wir auf dem Beton sitzen und einnicken, ruft er: „*Schlageterfeier!*“ Was das bedeutet, weiß ich noch nicht, aber gleich fühle ich es am eigenen Leib. Der Blockführer und seine Schergen stürzen sich mir nichts, dir nichts auf uns, reißen uns die Hosen herunter und prügeln mit Nagaikas und Ochsenziemern auf uns ein, über die nackten Hintern, ohne Ursache, ohne Grund. Die „Feier des Schlageters“, so nennen sie es hier, sie richten uns ordentlich zu. Wieder zwei Tote auf dem Block, sie liegen unter uns bis zum Morgen. In der Früh müssen wir sie wieder bei dem Bademeister abgeben, der sie noch vor unseren Augen auf den Betonboden wirft und siedende Brause auf sie herunterlässt ...

Nach dem Mittagessen eine nächste Überraschung: „Wer kann Schreibmaschine schreiben und möchte im Büro arbeiten?“ Es eilen die Leute zum Blockführer und rufen: „Hier!“ Sie heben die rechte Hand wie in der Schule und melden sich. Er wählt von ihnen etwa 150; neunzig kommen sofort zurück, der Rest erst abends. Sie kamen nicht, sie sind hereingekrochen, sie schwankten. Sie schrieben nicht auf der Schreibmaschine und verrichteten keine Büroarbeit, sondern Blut wurde ihnen abgezapft, vermutlich für die deutschen Helden von all den Fronten, an denen die Germanen für Europa beim Siegen waren ... Die Jungs konnten nicht einmal berichten. Sie erhielten gleich, wenn sie als taugliche Blutspender anerkannt wurden, einen ganzen Liter der SS-Suppe, doch anschießend machten sie mit ihnen kein großes Aufheben. Manche von ihnen sind auf dem Block ohnmächtig geworden, zwei sind verblutet.

***

Das Überleben dieses fürchterlichen Sturmes des nazistischen Wütens scheint mir heute bereits eine Unmöglichkeit.

Diese teuflisch raffinierte Bestialität, an Millionen Elenden verübt, durch Hitler, Himmler, Mengele und andere Henker der Menschheit – wer wird dafür eine Buße fordern? Ich sicher nicht, denn mich wird es nicht mehr geben, aber wer dann? Mein Sohn?

Der weiß doch nicht, der ahnt nicht, was sein Vater hier draußen zu sehen bekam. Und wenn er es wüsste, wäre er verzweifelt. Ja, es ist besser, dass du davon nichts weißt, mein Junge, als wäre nichts geschehen ... Wenn ich zugrunde gehe, weißt du nicht, auf welche Weise es geschehen ist. Du müsstest dich dafür schämen, dich einen Menschen zu nennen.

***

Gestern bin ich Bobrich begegnet, einem guten alten Freund. Ich weiß nicht, was ihn zu uns verschlagen hat, in das „Zigeunerische". Wir sprechen schnell. Er erzählt, dass er bereits 1942 aus Theresienstadt nach Lodž kam. Er überlebte zehn Aussiedlungen, kam hierher und überlebte neun Selektionen. Er glaubt nicht, dass wir zwei es überleben. Ich frage nach den Verwandten meiner Frau, die 1943 nach Rajsko [wahrscheinlich: Birkenau] fuhren. „Alles im Ofen, Junge, der gesamte Septembertransport aus Theresienstadt im Jahre 1943 wurde im März 1944, also nach sieben Monaten [sechs Monaten] an einem schönen Tag aufgerufen und fünftausend Personen wurden in die Gaskammern getrieben. Zwanzig Personen konnten sich retten, wie, das entzieht sich meiner Kenntnis." Und schon will er weg. Schrecklich, also die ganze Familie meiner Frau und so viele gute Freunde ... „Hallo, Karel", rufe ich Bobrich nach, „und was ist mit dem Cousin Evža?" Bobrich kehrt zurück, schaut mir lange in die Augen und dann erzählt er: „Evža diente, wie du weißt, in der französischen Fremdenlegion, und damals ließ er sich in Marrakesch von einem Einheimischen den ‚Sonnenuntergang in der Wüste' eintätowieren." – Ja, ich kannte die Tätowierung aus dem Militärschwimmbad sehr gut! – „Die Tätowierung sah einmal unser *Lagerältester* Willy, sie gefiel ihm. Ich wohnte damals im C-Lager in einem Block gemeinsam mit Evža. Also, der Willy, der hat es sehr geschickt gemacht. Er traf Evža einmal auf der Latrine VI, wo er ihn schwer verletzt hat, er hat Evžas Kopf an die Betonmauer geschlagen. Dann – wir haben es gesehen, wie er sein Werk beendet hat – zog er den Sterbenden am Riemen, den er ihm um den Hals gebunden hatte, in die Baracke. Evža wurde zu Tode gequält. Darüber hat man im Block lange gesprochen. Etwa eine Woche später brachte ich dem Blockführer von dem Riemer einen neuen Ochsenziemer. Ich klopfte und trat in die kleine Kammer des Mörders Willy herein. Sofort fiel mein Blick auf den ‚Sonnenuntergang in der Wüste'! Evžas Tätowierung hing an der Wand, über dem Bett des verdammten Mörders! Franta, wie mir damals zumute war, das kannst du dir vorstellen! Zuerst hat er ihn zu Tode gefoltert, anschließend hat er ihm irgendwie die Haut abgezogen! Menschliche Haut hatte also dieser Sadist an der Wand! Angeblich hat er die Haut in Essig konserviert, wie mir sein Adlatus, der kleine Adámek, erzählte. So ist es, mein Freund. So ist Evža ums Leben gekommen. Und in Prag wartet die kleine Evička auf ihn, das Töchterchen, das liebenswürdigste Wesen, das ich kenne!"

Ich begreife wieder nicht. Ich stehe da wie erstarrt. Was soll das alles bedeuten, wie ist es überhaupt möglich? Erst die Sirenen und Rufe *„Blocksperre"* bringen mich wieder zur Besinnung. Ich renne in den Block wie die anderen. Überall rennt man in die Blöcke. Die Sirenen heulen fürchterlich ...

Abgehauen sind angeblich zwei gestern gegen Abend, ein gewisser Lederer und ein Smatek [gemeint ist der SSler Viktor Pestek], Jungs, prachtvolle Kerle! Sie lagen im Block II. Und angeblich haben ihnen sogar die SS-Männer zur Flucht verholfen! In der Früh wurde der Block II zugemauert. Mit der kompletten Besatzung, jedoch ohne die Schergen und die Funktionäre! 112 Jungen sind ums Leben gekommen, sie hielten es eine Woche aus. Dann wanderten ihre zum Skelett abgemagerten Körper ins Krematorium III. Es schwang sich damals eine Flamme über diesen „wunderschönen Bau" noch zwei Meter höher als sonst empor.

Es war ein Fanal, weit ins Land gerufen und für die immer gepriesene überlegene Kultur der germanischen Rasse! Evženek, ich hoffe, dass ich auch dich einmal rächen kann, hoffentlich! Und das auch im Namen deiner kleinen, pausbäckigen Evička ...

***

Ich erhielt einen Brief, heimlich; ein Bekannter aus dem C-Lager, der als Ofensetzer nebenan im KFL-Lager (*Frauen-Konzentrationslager*) arbeitete, übergab ihn mir. Es schrieb mir die Frau, besser gesagt die Witwe meines verstorbenen Freundes, des Arztes Dr. Pohl. Sie weiß, dass er zu Tode gefoltert wurde. Es ist für sie bloß eine Erleichterung, mir zu schreiben. Sie wurde selektiert, konnte aber entkommen. Sie war im neunten Monat schwanger und musste es verbergen. Es ist ihr geglückt. Gestern Nacht gebar sie einen Jungen. Einen liebreizenden Jungen. Sie gebar ihn auf dem Betonboden, ohne dass jemand davon erfuhr. Ohne einen Mucks zu machen, gebar sie, so schreibt sie. Die Kameradinnen haben rund um sie Wache gehalten. Das Baby warfen sie dann in die Latrine. Sie selbst tat es nicht, sie wäre dazu nicht fähig gewesen. Alles überwunden. Sie teilt es mir mit, damit man es irgendwann zu Hause erfährt, wenn sie einmal nicht mehr da sein sollte. Und weiter: Ihre Schwester Adina ging am Samstag in den Transport und am Draht wollte sie sich von ihrer Mutter verabschieden. Ein Schuss fiel, und Adinas Gehirn trat heraus. Die Mutter riss man zurück, sie ist wahnsinnig geworden. Gestern wurde sie ins Gas befördert. „So blieb ich, Frank, ich allein! Mutter weg, Adina weg, Pepa weg und gestern das kleine Würmchen ... Frank, retten Sie sich, bitte, falls Sie können! Ich will nicht mehr leben. Einen Vater habe ich nicht mehr, der starb bereits in Prag, in Pečkárna.[18] Was für einen Wert hat das Leben für mich noch? Seien Sie mit Gott. Jarmila Pohlová, geb. Konířová."

Jarmilka! Ich sehe sie vor mir als eine ausgezeichnete Schwimmerin und gute Klubkameradin, ich sehe sie vor mir, wie sie mit und bei „Agnoli" in der Maiselgasse beim Eisessen sitzen, wohin wir jeden Tag nach dem Schwimmbad gingen und wo sie sich eines Abends mit dem eleganten Medizinstudenten Josef Pohl bekannt machten, dem „Engländer", wie wir ihn wegen seines eleganten Auftretens nannten. Es war eine übermenschliche, wunderbare, große Liebe ... und so endete alles ... im Schlamm der Oświęcimer Hölle!

Kann man noch leben, kann man noch so einen Brief lesen, kann man in der Nacht das Feuer da oben anschauen, ist es möglich, sich mittags um die verdammten Kartoffelschalen zu raufen? Nein, nur ein Ende, ein schnelles Ende von all dem, dort, am Draht, das ist die einzige Lösung.

Und so ist es auch geschehen. Jarmilka ist in der Nacht mit beiden Händen in den Draht gesprungen. Und als man für eine Minute den Strom ausschaltete, wurde sie aus dem Drahtzaun gezogen. Es war nicht einfach. Sie hielt sich krampfhaft. Sie war erstarrt, wie erfroren.

***

Den Blockführer Willy hasste jedermann. Und so haben wir stets überlegt, wie man ihm ans Leder könnte: der große Fricek, Kodl, Ota Brož und ich. Wir haben uns geeinigt. Wir wussten, in welchem Block er nach der „*Lagerruhe*" Abend für Abend beim Lagerkapo „King Kong", wie er genannt wurde, zu sitzen pflegte. Als er sich von dort zu uns in den Block begab, musste er eine dunkle Seitengasse passieren. Dort haben wir ihn abgepasst, hinter Schotter versteckt. Kodl hatte, woher, das weiß ich nicht mehr, einen großen Sack besorgt. Wir warteten ungeduldig und dann hörten wir Schritte. Ja, er was es, der so perfekt unschuldige Häftlinge foltern konnte, der 23 von ihnen selbst getötet hatte und sich damit öffentlich brüstete. „Kodl, er ist allein!“, flüsterte Fricek. Willy war wahrscheinlich ein wenig in „vorgerückter Stimmung“. Er trällerte vor sich hin. Und hatte keine Ahnung. Wir schlichen am Schotter entlang, er schritt neben uns. Kodl ergriff den Sack an einem Ende, Fricek am anderen, sie sprangen etwas und zogen den Sack von hinten über Willys Kopf. Dann zogen sie den Sack schnell nach unten, so dass er hier wie ein Apostel dastand – die Hände konnte er nicht heben, denn der Sack war ganz schön lang. Sein Gesang hörte auf. Und schon stand Ota da und dann ich. Ota schob uns zur Seite, um auf jeden Fall als Erster zuzuschlagen. Er lächelte, als würde es sich um den süßesten Genuss handeln. In Habachtstellung hob er die Hand, groß wie eine Totengräberschippe, und schon prasselten Schläge auf den Herrn Willy, Schläge, die eine Kuh erschlagen hätten. Willy, unser teurer und unvergesslicher Blockführer, überschlug sich mehrmals, er wälzte sich im Schlamm und fing an zu schreien. Aber auch damit rechnete Kodl: Ein kleines Kissen hatte er zur Hand und mit einer Energie, die ich ihm nicht einmal im Traum zugestanden hätte, schnappte er Willy dort, wo er seinen Schädel spürte, sodass das Geschrei aufhörte. Auch ich habe mich beteiligt. Ab und zu ließ ich, auf Kodls Befehl, Willy ausatmen: In dem Augenblick ertönte wieder sein Geschrei, sodass ich sein teures Köpfchen so schnell wie möglich in das Kissen stecken musste. Und nun das Allerbeste! Blitzschnell zog Fricek den Sack bis zur Hälfte des Leibes hoch, knüpfte ihm die Hosenträger ab und zog ihm die gestreifte Hose sowie die Unterhose herunter. Und schon glänzte im Dunklen der schneeweiße Hintern des Blockführers Willy, eines Sadisten ersten Grades. Fricek hielt bereits den Ochsenziemer des Herrn Willy, der diesem beim Sturz aus der Hand gefallen war. Fricek bückte sich, richtete sich auf und fing an, Willy unbarmherzig zu schlagen. Wir konnten Fricek nicht aufhalten, er musste sich abreagieren, nach jedem Schlag pfiff er und bellte kurz wie ein Hund von der „*Hundestaffel*". Anschließend gelang es uns, Fricek abzulösen, denn auch wir wollten uns „gütlich tun". Es ging wunderbar: Willy zuckte wie ein Otter im Ameisenhaufen. Zum Schluss der Vorstellung wurde Willy von Ota auf die zitternden Beine gestellt, Ota holte aus, und mit einem präzisen Schlag zwang er ihn wieder zu Boden. Willy fing an zu heulen und versuchte auf allen Vieren zu entkommen. Sein glänzender Arsch strahlte in der Dunkelheit ... Wir sind in die andere Richtung in den Block verschwunden. Willy erschien nicht; er landete in dem HKB [Häftlingskrankenbau]. Ob er je erfuhr, wer ihn damals so zugerichtet hatte, weiß ich nicht. Doch von nun an überstürzten sich die Ereignisse.

***

Wir ließen uns vor der Baracke auf den Boden fallen. Man kann hier verschwitzte Füße, verbrannte Knochen und Schlamm riechen. Wir übten vormittags zwei Stunden „*Mützen auf! Mützen ab!*", denn einer der Sklaven hatte auf der Lagerstraße einen vorbeigehenden SS-Mann falsch gegrüßt. Angeblich einen gewissen Moll.[19] Der sollte Kommandant eines Lagers in Gleiwitz und einer der übelsten Gestapomänner des Regimes sein. Da rief man bereits: „Alles in den Block!" Wir beeilten uns, innen herrschte reges Treiben. Es kamen irgendwelche Schreiber und fragten die Besatzung, wer ein gelernter Schmied, wer Tischler, wer Schlosser sei. Alles meldet sich, wie im Irrenhaus. Auch ich melde mich: Ich bin ein gelernter Schmied! Und warum nicht? Ich sehe doch, dass Jarda Reiniš da drüben, sonst Textilfachmann, sich als Schlosser meldet. Na also. Es lief gut. Ich wurde eingetragen. Und weiter geht es den ganzen Vormittag: „Die Tischler hierher, nach links! Die Schmiede nach rechts, die Schlosser in die Mitte und die Hilfsarbeiter nach hinten, alle anderen raus!“ So jagt man die Leute hin und her, es entsteht ein Chaos, in dem nicht einmal der Teufel sich auskennen würde. Letzten Endes werden wir alle nach draußen in den Regen hinausgejagt. Appell! Mir nichts, dir nichts. Wir stehen da, durch und durch nass! Und dabei muss ich noch lachen, wenn ich dort, etwa zehn Personen weiter, Franta Schön erblicke. Er ragt durch seine Höhe über alles heraus, sein Anzug ist unmöglich: ein Sakko von einem Säugling geerbt, die Hose reicht ihm nur bis zu den Knien, unrasiert sieht er aus wie Esau; wie hat er sich bloß in den wenigen Tagen verändert! Er hat seinen sprichwörtlichen Schnurrbart á la Menjou nicht mehr, er hat sich eher in eine donquichotische Figur verwandelt ... Ich darf nicht mehr lachen, denn ich weiß selbst nicht, wie ich ausschaue. Und Franta, der goldige Junge und ein guter Freund, der verdient es nicht.

Unruhe. Ein SS-Mann nähert sich, ein Riese, stark, man könnte sagen dick wie ein Schwein, rot im Gesicht. Er stellt sich in eine germanische Positur, steht breitbeinig vor der Front. Hinter ihm drei oder vier weitere, aber junge SS-Männer. „Moll!“ – „Moll!“ – „Moll!“, flüstert es von Mund zu Mund; der berüchtigte Moll, der Befehlshaber von Gleiwitz I. „An der neunten Stelle nach Hitler, was die Blutrünstigkeit angeht, vom Londoner Rundfunk aufgeführtes Scheusal und ein Sadist“, flüstert der neben mir stehende Pepa Konír. „Moll!“, flüstert man überall.

„Er sucht Sklaven für den Transport aus.“

Auch wenn wir damals wussten, dass wir nicht eben nach Sankt Moritz fahren würden, meldeten sich alle ohne nachzudenken. Weg wollte jeder, nur weg von diesem verdammten Oświęcimer Schlamm, weg von den verdammten Öfen ... weg!

Jedoch, Herr Moll suchte aus, und das tat er gründlich.

„*Ruhe!*“, hört man seine hohe Stimme. Seltsam, so ein Kerl wie ein Ringkämpfer, und seine Stimme wie die eines Kanarienvogels ... es passt nicht zusammen, etwas ist hier nicht in Ordnung!

„Wer ist ein gelernter Schmied?“ Aber das haben wir doch gerade gemeldet in der Baracke, gilt es wohl nicht mehr? Nein, nein, mein Freund, hier ändert sich alles im Nu, das, was man den ganzen Vormittag mühsam zusammengestellt hat, hebt man in einer Sekunde wieder auf und wirft es um.

Es meldet sich einer, dann ein zweiter. Sie treten vor Moll. Der schaut sich beide an, als würde er gerne bis in ihre Seele durchdringen. „Schmied? Was kannst du? Zeig mal!“ In der linken Hand, die am Rücken liegt, hält er einen Ochsenziemer, mit der rechten, die er in eine Faust zusammenballt, schlägt er einem der Bewerber in die Brust ... Wenn er durchhält, ohne ins Wanken zu geraten, ist er aufgenommen. „*Jawohl*, Schmied!“, ruft Moll aus, „der Nächste!“ Und so geht es weiter. Es meldet sich einer nach dem anderen, wer umgefallen ist, geht zurück.

Auch ich springe auf. „Schmied?“, fragt Moll mit einem durchdringenden Blick. „Jawohl!“, antworte ich. Und schon habe ich eine gekriegt. Ein wenig taumele ich, aber ich war darauf vorbereitet und spreizte etwas die Beine auseinander. Ich hielt aus. „Gut, weg! *Der Nächste!*“

Ich bin angenommen worden! Oh Gott, ich danke dir! Ich fahre weg, ich komme weg von hier, aus diesem Lager des Irrsinns!

Und schon jagen sie uns, ohne Mittagessen, ohne Essen. Er ging schnell. Herr Moll wählt etwa fünfhundert Männer aus, lauter Theresienstädter, und zwar Tischler, Schmiede und Schlosser. Auch Franta Schön meldet sich. Ich sehe ihn, wie er hastig vor Moll tritt und, die Hacken zusammengeschlagen, meldet: „Schmied!“ Moll lacht auf, wir fürchten uns um Franta. Wir wissen, dass es nun schlecht ausgeht. Der Schlag fällt, und Franta liegt auf dem Boden. Er ist verzweifelt. Er sieht alle Kameraden gehen, auf den Transport ... Ota, Bubik, mich ... Und nun unternimmt er einen letzten Versuch ... Sie jagen uns nämlich auf die Lagerstraße, in der Mitte steht ein SS-Arzt im Kreis weiterer SS-Leute. Ich sehe, wie sich die Spitze unserer Karawane bereits auszieht: die Hemden runter, Hosen runterlassen, und so defiliert jeder der Schmiede, Tischler und Schlosser nackt vor der Kommission. Schnell nehme ich die Brille ab und schiebe sie in das Hemd. Sie mögen hier keine Bebrillten. Auch keine Akademiker, die sie vorhin aufriefen: Sofort haben sie die auf die gröbste Arbeit geschickt, weggeschickt, unbekannt wohin, vielleicht bereits in die Kammern ... Ich komme auch hier durch und setze mir die Brille wieder auf. Ja, und schon sehe ich: Dort hinten gesellt sich irgendwie Franta Schön zu dem Strom, er ist weit hinten, ragt über alle heraus, er ist derartig auffällig und ist, der Arme, wie ich jetzt sehe, so mager ... ich weiß nicht?! Und tatsächlich: Der Gestapo-Arzt hält ihn auf und jagt ihn zurück. Geh mit Gott, Franta! Ich sehe, wie du traurig zurückgehst und immer noch drehst du dich um ... in der Ferne bist du für uns hinter der Baracke VI verschwunden. Das war das letzte Mal, dass wir dich, František, sahen. Nichts mehr haben wir von dir gehört.

Wir gehen durch die *Schreiberbaracke*. Am Tisch entlang, wo die Schreiber, ziemlich gemästet und sehr frech, ebenso Häftlinge wie wir, ein Protokoll anfertigen. Ich sehe vor mir das Blankoformular: *„Konzentrationslager Auschwitz"*. Häftlingsname: Frant. Kraus, geboren 14.X.1913 (ich habe mich damals zehn Jahre jünger gemacht), Prag, wohnhaft: Theresienstadt, Bäckergasse 2. Ich wende ein: „Ich wohnte in Prag in der Kozí-Straße!" – „Du Idiot!", ruft der Schreiber aus und fängt im Jargon an: „Bischt aus Theresienstadt und basta!" Und schon habe ich mir eine gefangen. Ich taumele, doch halte mich am Tisch fest. Ich möchte besser in das „Protokoll" sehen. Es sind Eintragungen, wahrscheinlich sowieso für die Katz. Aber die weiteren Rubriken machen mich stutzig: Wie viele Goldzähne? – Aha, das ist wegen der Kremation, damit dem *Deutschen Reich* kein Gold verloren geht (aber dennoch hat man es im Krematorium geklaut, als man es mit Hämmerchen den Leichen herausschlug). Und so antworte ich: „Kein Goldzahn!" – „Zeig!" Er findet nichts. Ich unterschreibe. „Der Nejchste!" Unsere Schar zieht weiter zu fünf Jungen, die tätowieren. Sie schreien in unverständlichem Jargon. Ich habe Pech, komme zum Metzger: Er schnappt mich am entblößten linken Unterarm, in der Hand hat er ein Stück Holz, mit einer Tinktur getränkt. Er sticht. Es geht nicht, es ist zu stumpf. Er holt ein Messer hervor und spitzt das Holz. So, jetzt ist die Spitze ordentlich. Er sticht: Ja, es geht, Tinktur, eine violette Tinte mischt sich mit dem Blut. Es tut weh, ich halte aber durch und beiße die Zähne zusammen, es geht langsam: B-11632. So, nun ist es fertig. Ich melde noch am Ausgang die Nummer und verlasse in der Schar den Stall. Die Hand schmerzt, alle müssen wir die Hand hochhalten, es muss trocknen. Draußen reihen wir uns ein. Sie jagen uns wieder nach unten, ins Bad. *„Schmutzige Seite – reine Seite*". Wir kommen heraus, erhalten Sing-Sing, gestreifte Sträflingslumpen und hungrig reihen wir uns wieder ein. Noch haben wir heute nichts gegessen. Dort unten an der Treppe, unter der „tsauna", ruft mich eine gute Seele, ein Sträfling. Er ist dort als Kleidersortierer angestellt. Er reicht mir eine winzige Kasserolle mit Graupen. Er versteckt mich, damit mich niemand sieht. Ich verschlinge alles im Nu. „Wie vielen Elenden habe ich so zu Essen gegeben! Ich bin allein, meine Frau und sechs Kinder da oben", er zeigt auf die riesige Flamme, die aus dem Krematorium III lodert. „Und so denke ich immer an sie, wenn die Elenden an mir zum Transport vorbeigehen; ich kratze immer ein paar Graupen zusammen, damit ich sie verschenken kann. Und ich gebe gerne. Wie viele wie euch habe ich hier in den Monaten gesehen! Und wie viele sind verbrannt worden!" – „Danke und vergelt's Gott!" Schon stehe ich in der Reihe. Wir gehen. Sie führen uns durch eine steinerne Baracke nahe am Krematorium III. Nun, was ist das? Rechts und links liegen so viele nackte Leichen ... sie sind derartig erstarrt und der Gesichtsausdruck ... die Augen hervorgetreten, das Augenweiß dominiert ... es müssen mehrere Tausend sein ... „Schnell, schnell!“, ruft irgendein Kapo, der zwischen den Leichen auf einem Hocker steht, in diesem wahnsinnigen Panoptikum des Schreckens. Wollen sie uns vielleicht an die Bestialitäten gewöhnen, oder gehen wir alle ins Gas? Ja, wir gehen ins Gas! Die Nervosität steigt, einige schreien um Hilfe, sie wollen zurückgehen. Ein Chaos entsteht, jedoch auch hier arbeitet „Kanada“. „Idioten!“, rufen sie uns zu. „Ihr geht auf Transport! Ihr müsst nur hier durch. Ihr seid kein *Himmelfahrtskommando!* Das hier, die Tänzer und Tänzerinnen, das waren Liebhaber und Liebhaberinnen, die nicht mehr schuften wollten, und so haben wir sie ein wenig angetrieben!“ Sie lachen. Treten in die nackten toten Leiber. Schrecklich! Auch hier keine Achtung vor dem Tod! Ich sehe hier auch jüngere Tote, junge Frauen und Kinder, sogar Babies ... Viele von ihnen sind wohl erstickt, denn ich sehe, dass einige Leichen abgebissene Finger haben ... Auf der einen Seite sind Männer, auf der anderen Frauen und Kinder, unschuldige Kinder ... Wie sie direkt vom Zug hierher gejagt wurden, so liegen sie aufeinander, Köpfe auf Beinen, Hände unter den Köpfen der anderen, Beine wie Stäbchen ... (Später, als ich bereits befreit durch die Städte hinter der Front streifte, hinter der russischen Front, erschrak ich immer, wenn ich in den zerschmetterten Vitrinen nackte Wachsfiguren-Mannequins liegen sah. So sahen diese da auch aus, zerstreute Wachsmannequins der Kaufhäuser, „dernier cri de la civilisation!“, „last fashion of modern time!“) Ja, du Welt! Man müsste dir all das hier vorführen und grölen in deine verdammt tauben Ohren! Dem, was hier geschah, hast du tatenlos zugeschaut, du wusstest davon, du musstest davon wissen! Nichts habt ihr unternommen, gute Leute, nichts, auf der ganzen Welt! Nicht mal den Finger gerührt, keine Miene verzogen! Und ihr Herz, ihr Gewissen? Man hat es hier vergast wie Vieh, fünf-, sechs-, ja sogar siebentausend pro Tag! Der Gestank musste sich doch um die Erdkugel ziehen und musste euer Gewissen wachrütteln! Nein, ihr habt nichts getan, ihr wolltet nicht, es stimmt nicht, dass ihr nicht konntet! Ein schauriges Panoptikum in Rajsko [Birkenau] anno domini 1944! Nie werde ich dich vergessen, solange ich lebe! Und stets werde ich aufs Neue eine Abrechnung für diese menschliche Schuld fordern.

Es war damals ein fünftausend Personen zählender Transport der Juden aus Holland, der so, wie er ankam, in die Kammern zum Vergasen getrieben wurde. Das haben sie uns draußen gesagt, nachdem wir den Bunker des Grauens passiert hatten.

***

Jeder bekommt im Gehen ein Stück Brot. Unterwegs essen wir, wir sind fürchterlich hungrig. Die SS übernimmt uns, schon rennen wir durch das Lager, treffen etwa fünfhundert Polinnen mit geschorenen Häuptern, Lumpen am Leib und in jeder Hand einen Ziegelstein: So marschieren sie unter SS-Assistenz. Sie rufen uns zu. Auch obszöne Wörter hört man von ihnen, angeblich würden sie sich gerne mit uns lieben ... Ekelhaft. Wir beachten sie nicht. Die SS-Männer lachen. Sie treiben uns auf den Damm. Dort steht, noch zwischen den Drähten, ein Zug, ein Güterzug. Und schon springen wir rauf, immer fünfzig bis sechzig pro Waggon. Wir sitzen auf dem Boden, glücklich, dass wir der Hölle entronnen sind. Es ist bereits dunkel, wir schlafen ein. Der Zug setzt sich in Bewegung. In unserem Waggon fahren zwei SS-Männer mit. Das Maschinengewehr ist auf uns gerichtet. Wir fahren. Es holpert so angenehm, es versetzt uns in den Schlaf. Ich habe ein derartig angenehmes Gefühl ... ich entferne mich von den Öfen, mit jedem Stoß des Waggons bin ich weiter von den

Flammen ... Was für eine schöne Musik da klingt ... rumtata, rumtat, rumtata! ... O Gott, die Welt steht noch und ich lebe ... hoffentlich?

An diesem Abend schlief ich zum ersten Mal wunderbar ein. Oświęcim liegt hinter mir. Wohin ich fahre, das weiß ich nicht, irgendwohin nahe Gleiwitz, vielleicht zwanzig oder gar dreißig Kilometer weg von dem Feuer. Welch eine Wonne! Oświęcim, *Auschwitz-Birkenau*, wie man es nannte. Ja, fünf Millionen aus ganz Europa sind dort geblieben.[20] Die letzte „Selektion", das heißt die Auswahl für den „Schornstein", fand am 1. November 1944 statt. Im November vernichteten dann die „Übermenschen" drei Krematorien, damit die Welt nicht erfahre, was dort passiert war. Das vierte Krematorium blieb aber aktiv für die Verbrennung der im Lager Verstorbenen.

Diese menschlichen Bestien begannen im Jahre 1940 mit dem Aufbau der Krematorien, im Jahre 1942 war dann bereits alles für den „Betrieb" vorbereitet.

Den Betrieb eröffnete der monströseste Repräsentant der germanischen Willkür und der nazistischen Tollheit, der Mörder und Henker von Millionen Unschuldigen: Himmler! Der meistgefürchtete und blutgierigste Gestapogeneral weihte mit einem Festakt das erste Krematorium im neu errichteten Vernichtungslager ein. Und gleich nach der Eröffnung begann damals die Tätigkeit der ersten „Kanadier": das Stehlen. Zähne, Zähne, Goldzähne, die wurden gesucht! Und wenn es nicht von alleine ging, hatte man ein Hämmerchen – auch im Theresienstädter Krematorium wurde es einst so gemacht! –, und wenn man einen Ring nicht gleich abziehen konnte, auf auf, schon war der ganze Finger abgeschlagen (nach der ersten Kremation in Auschwitz hat man 153 abgetrennte Finger gefunden!).

Der Zug bleibt stehen. Wir sind da. Die Türen der Viehwaggons sind noch nicht offen, wir hören nur, wie man draußen befiehlt: „*Wachen aufstelleeeeeen!*" Wahrscheinlich sichern sie den Zug, ja, sie öffnen bereits unseren versiegelten Waggon: Wir springen hinaus. Stehengeblieben sind wir irgendwo außerhalb des Bahnhofs. Überall SS mit Maschinengewehren. Sie lachen über uns, wieso, das weiß ich nicht. Schon stellen sie uns in Reihen. *„Auf, gehen, auf, gehen, du Hund!"*, und schon schlagen sie uns mit Gewehrkolben kreuz und quer. So habe ich es mir allerdings nicht vorgestellt, hoffentlich ist es eine Ausnahme. Es wird alles bestimmt besser sein als dort draußen, unter den Flammen ...

„Das Ganze stillgestanden! Im Gleichschritt Maaarsch!" – Marsch der Sklaven, eher rennen als gehen wir. Zuerst im Dunkeln, dann auf einem beleuchteten Weg irgendwo zwischen Umzäunungen links und rechts. Nach zehn Minuten passieren wir das Tor. Auch hier Reflektoren, auch hier Stacheldraht, wo du hinschaust, auch hier grüne Baracken und Wachtürmchen um das Lager herum, auf den Türmchen SS-Männer mit Maschinengewehren; und auf einigen Türmchen scheint ein seltsames rotes Licht. Also ebenfalls ein KZ, aber, wie es scheint, in einer kleineren Ausgabe. Gleiwitz I! (Es gab insgesamt vier Gleiwitz': Nr. I, das schlimmste, unter dem Taktstock des Großritters des Deutschen Reichs Moll; Nr. II, III, und IV). Aber keine brennenden Feuer, keine lodernden Flammen, weit und breit kein Ofen!

Wir stehen auf dem *Appellplatz*. Es ist sicher bereits Mitternacht, so eine Ruhe im Lager, andere Häftlinge schlafen längst oder sind in der Nachtschicht. Wir bilden eine Schlange, bekommen einen seltsamen, süßlichen Brei. Der schmeckt aber, nach so einem langen Fasten! Wir lecken die paar Schüsselchen, die wir nach dem Aufessen weitergereicht haben, und dann heidi, ab in den Block V. Der ist bereits halb voll. Komisch schauen sie uns an, die Alteingesessenen, meist Jungen um die zwanzig Jahre. Wir verstehen sie nicht gut, wieder so ein Jargon ... sie jagen uns Angst ein. Sie schauen auf uns herab von den dreistöckigen Pritschen, und schon fangen Raufereien an, um die Decken, um Schuhe, um die Fußlappen. Und wie sehen die Jungen aus! Eingefressener Schmutz, abgemagert, verbraucht! Das Werk frisst uns von Tag zu Tag mehr aus. Schöne Aussichten, denke ich mir.

Der Blockführer Hans, ein roter zwar, nicht ein grüner Dreieckler,[21] dafür ein Irrer im wahrsten Sinne des Wortes. Bereits die erste Nacht fing er an, uns zu „erziehen". Zuerst jagte er uns zu dritt auf eine Bettstelle, sofort darauf jagte er uns in den Hof und jeder musste zurück auf allen Vieren, wie ein Hund, und musste bellen. Er war wirklich ein Wahnsinniger. Kein Wunder: elf Jahre KZ, das muss jedem den Verstand rauben! Dann schlief man, etwa von zwei bis vier. Das widerliche Morgenklingeln. „Aufffsteeehen!" Die Assistenten des Blockführers reißen uns die Decken weg, klettern auf die Pritschen und schlagen mit Riemen kreuz und quer um sich. Auch hier gab es einen Willy, einen Stubendienstler, ein abscheuliches Wesen, etwa 22-jährig; auch er kommunizierte ausschließlich im Jargon. Er zeichnete sich besonders durch Rohheit aus, vor allem den Älteren gegenüber.

Der erste Appell im Hof. Schlamm bis zu den Ohren, kalt. Wie wird es hier im Dezember, im Januar sein? Sie zählen uns und zählen wieder, dann jagen sie uns ins Bad. Der *Bademeister* stellt heißes Wasser an, dann eisig kaltes, und heidi raus, ohne Abtrocknen, an die „frische Luft"! Draußen ziehen wir uns an. Und weiter in die Schreibstube. Hier melde ich mich nicht als Schmied, sondern als Tischler. Wie oft werde ich noch mein Gewerbe wechseln? Es ist wahrscheinlich Mittag. Einige von uns haben Kessel mit Suppe angeschleppt. Mit roten Rüben. Die Suppe sieht aus, als würde Hypermangan darin schwimmen ... Und nun die Szenen vor den Blöcken, wo man für jeden Block die Suppe gesondert ausgibt.

Wieder habe ich nichts gekriegt, bin nicht so geschickt, um mich in die kämpfende Masse hineinzudrängeln. Ich sehe nur, dass die „Jargonsprecher" zum zweiten, zum dritten Mal essen. Na, es wird hier spannend sein, aber von den Öfen sind wir weg, weit weg! Das zählt! Und nun stehen wir

Appell bis zum Abend. Es ist etwa sechs Uhr. Wieder Klingeln, von allen Seiten sammeln sich hier Häftlinge zusammen, aus dem Rasierraum, von der Ambulanz, aus der Küche. Und jetzt marschiert die Schicht. Sie kehrt von der Arbeit zurück, aus dem „Werk". – Wie diese Armen ausschauen ... erschöpft, schwarz im Gesicht, sie schleppen sich wie lebende Leichen. So werden wir wahrscheinlich nach einer Woche auch ausschauen ... Und schon reiht man sich nach den Blöcken, jeder Block mit seinem Blockführer und Stubendienst-Befohlenen. Überall übt man *„Mützen auf, Mützen ab!"* Die Befehle tönen über den Appellplatz. Wir werden unter die Alten, unter die Schmutzigen gemischt. Noch ragen wir heraus; unsere „Sing-Sing"-Anzüge sind noch heller als die der anderen, aber nach einer Schicht bei der RAW [Reichsbahnausbesserungswerk] werden wir uns nicht mehr unterscheiden. Die Blockführer, die SS, Schreiber, der Lagerälteste, Kapos, Schergen, Mörder ... Aus einem Block wird ein Tisch herausgeholt und der wird nach vorne gestellt. Anschließend Spannung ... Moll mit einem Schäferhund! Es herrscht auf dem „Appell" eine Ruhe wie in der Kirche ... unweit irgendwo in der Vorstadt hört man die Totenglocke ...

Moll steht bereits in Positur. Er wartet. Die Blockführer übergeben die Bestandsbücher: *„Block V. Stillgestanden! Mützen ab! Herr Blockführer! Block V: 150 Mann Soll, 150 Mann Ist. Stärke stimmt!"* Bei uns fehlt also keiner. Der SS-Mann geht an uns vorbei, zählt uns, geht weiter zur nächsten Mannschaft. Und so haben das die Blockführer abgezählt und am Tisch vorne abgegeben. Hinter dem Tisch amtiert ein jüngerer Gestapo-Mann, zählt, trägt ein. Es stimmt. Gleiwitz I ist in Ordnung. Zählappell geglückt. Der Gestapo-Mann dreht sich zu Moll. Er tritt feierlich vor und befiehlt: *„Häftlinge-eeeee! Mützen ab!"* – Wir reißen unsere Mützen im Zweiertakt ab. Wir stehen wie angenagelt. Eine Nadel könnte man fallen hören. Der erste Appell vor Moll! Wieder hört man jenen jüngeren SS-Mann. Er schlägt die Hacken zusammen und hebt den Arm zum „deutschen Gruß". Moll tut dasselbe. *„Herr Lagerkommandant! 1500 Häftlinge angetreten!"* Moll bedankt sich, tritt vor, und seine hohe Stimme befiehlt schnell: „Mützen auf!" Die Mützen fliegen wieder auf die rasierten Schädel. Moll macht jetzt darauf aufmerksam, dass ab heute fünfhundert Häftlinge dazugekommen seien und zeigt die Wände und den Draht rundherum: „Sie kamen, um hier für das Reich zu arbeiten, das Reich, das den Krieg gewinnt! Es gewinnt für Europa, für jeden, auch für euch! Ich will nichts anderes als Disziplin, Sauberkeit und Arbeit. Wenn ihr euch danach richtet, überlebt ihr, wenn nicht, geht ihr ein. Deutschland steht in einem zu schweren Kampf, als dass es Saboteure, Nichtstuer ernähren könnte! Ich will, dass ihr lebt!" – Wie er damals log! Wie er uns betrogen hat, wie er nur quälen und töten konnte!

Und weiter log Moll nach allen Regeln der Gestapo-Moral: „In jeder Kaserne, in der unsere tapferen deutschen Soldaten untergebracht sind, sieht man Wände wie hier!" Und er zeigte auf die hintere Seite dieses KZ, in dem bereits beim Aufbau unter der humanen Leitung von Moll fünfhundert Holländer ums Leben gekommen waren. „Wer es aber wagt, einen Spaziergang hinaus in die weite Welt zu machen, der wird dafür zahlen! Ihr werdet noch heute sehen, wie ich mit solchen Menschen umgehen kann!"

Und er demonstrierte es, und zwar gründlich. Wir mussten noch ein paar Stündchen auf dem Appellplatz stehen bleiben, hungrig und frierend. Dann führte man neun russische Kriegsgefangene mit einem großen „SU" auf dem Rücken vor – sie hatten versucht, zu zwölft zu fliehen. Sie wurden eingefangen, bis auf drei, die konnten fliehen. Kapos stürzten sich rasend auf die Eingefangenen. Und in wenigen Augenblicken hatten alle Schlingen um den Hals und wurden, noch bei vollem Bewusstsein, ohne die üblichen Vorbereitungen und ohne einen Hocker, auf die Betonpfeiler des Stacheldrahtzauns hochgezogen und hingerichtet ... Sie gaben keinen einzigen Laut von sich. Sie gingen heldenhaft. Sie hingen dort eine Woche lang und täglich mussten wir an ihnen vorbeigehen. Moll vollbrachte damals ein Meisterstück!

Am nächsten Tag um vier in der Früh wieder runter von den Pritschen – wie in Gleiwitz täglich –, wieder die übliche Appellprozedur und danach Aufmarsch zur Arbeit. Wir reihen uns entsprechend den *„Meistereien"* auf. Ich bin der Meisterei der RAW zugeteilt. Heute stehen wir bereits auf der Hauptlagerstraße. Sie zählen uns (ich denke, bereits zum tausendsten Mal!), Kapos gesellen sich zu uns und Unterbefehlshaber, Vorarbeiter und diverse weitere Sonderrechtler. Und da übernimmt uns seine Hoheit, Herr Oberkapo Peter! Ein Mensch, der Furcht einjagt, wenn du ihn nur anschaust: Er ist ganz schwarz angezogen, wie ein „SS-Mann im Frieden", nur auf dem Rücken hat er dieses riesige rote Kreuz und Generallampassen an der vorgeschriebenen Reithose. Er raucht eine Zigarette nach der anderen, in der Hand einen Ochsenziemer wie für die Dressur eines Elefanten, und auf dem linken Arm prangt eine gelbe Binde für *„Oberkapo"*. Ja, das ist er, Peter Millmayer, ein Mörder und Henker, ein Rohling erster Klasse, ein Wüterich und Gewaltmensch, dessen Existenz man sich nicht einmal hätte träumen lassen. Auch er redet. In seinem Stil, ein Analphabet, ein Ungebildeter, ein Rohling eben. Angeblich ist er der beste Kapo unter der Sonne, dennoch verlangt er von uns nur Arbeit, Moral und Reinheit des Körpers und der Seele! Ein Schurke, gerade er verlangt Seelenreinheit, er, der gleich nach diesen Worten, am ersten Tag unbarmherzig zehn neu angekommene Häftlinge ... Er trägt ein grünes Dreieck, also ein Krimineller: Man spricht über Mord an seinen Eltern. Wir wissen es aber nicht genau, überprüfen kann man es nicht.

Und so wurden wir zu Gleiwitzer Sklaven, einen Tag nach dem anderen, eine Nacht nach der anderen ... Wir reihen uns ein. Gegen fünf in der Früh – wenn wir Tagdienst haben – und marschieren zum Ausgang. Rechts vor dem Tor befindet sich der „Musikpavillon“, in dem das Häftlingsorchester[22] für uns einen preußischen Marsch spielt, damit wir mit größerem Enthusiasmus zur Arbeit gehen können. Noch bevor wir das Tor erreicht haben, kommt der Befehl „*Mützen* ab, Kopf hoch! *Vordermann, Seitenrichtung!*“ Wir gehen an den aufgestellten Kapos entlang, die nicht in die Fabrik gehen. Sie rufen, ohrfeigen, schlagen, stellen uns „richtig“, denn draußen vor dem Tor steht angeblich Moll. Ja, er steht dort draußen, und in einem Rudel SS-Männer kontrolliert er die Marschierenden. Ich bin durchgekommen! Dort draußen, wo die Gestapo-Baracken stehen, übernehmen uns bereits die SS-Leute. Und nun Tempo, zum Werk, zuerst über ein Feld, dann an der Bahn und einigen Arbeiterhäuschen entlang, und schon hat uns die Fabrik geschluckt. Auch dort stehen am Tor Wachmänner, *Werkschutz*, und kontrollieren uns streng.

Innen tagtäglich das gleiche Theater: Appell, Arbeit an Bahngüterzügen (die schwerste, ohne vorherige Schulung), Appell, Suppe, Hunger, Müdigkeit, Schläge, Demütigungen, Hetzerei, Appell, der Weg zurück ins Lager, wo man dann nach dem aufreibenden Dienst in der Fabrik noch „in die Steine“ geht. Es führen uns nämlich die SS-Leute zu riesigen Steinhaufen in der Nähe des Lagers, und von dort schleppen wir riesige Steinklötze zum Ausbau unseres neuen Heimes. Sie quälen uns dabei nach allen Regeln der Kunst; die Steine sind entweder zu klein oder haben die falsche Form, und so sind auch hier Opfer dabei.

Das gleiche Theater dann in der Nacht, wenn wir Nachtschicht haben. Da starten wir nachmittags um vier und kommen in der Früh heim. Schlafengehen lassen sie uns nicht, denn da steht die Tagschicht erst auf. Und dann lassen wir uns auf die Bettstellen sinken, auf denen sich in der Nacht die Tagschicht ausruhte. Wir sind todmüde, nachdem wir noch putzen und andere überflüssige Arbeiten verrichten mussten.

Und stets Schläge. Ohne Rasur kein Schritt, da wirst du sofort von Moll oder einem seiner Schergen angehalten und gequält. Aber wie glatte Wangen hinbekommen? Du gehst nach der Arbeit in die Rasierstube und stellst dich in die Reihe; nach einer Stunde kommst du zum ersten Barbier, der dich einseift, der zweite rasiert dich mit fünf Zügen und verpasst dir dabei auch noch einen gewaltigen Schlag. Wieso, das weiß ich nicht! Was für eine Qual, dort in der Gleiwitzer Rasierstube, welche Erniedrigungen, welche unverdienten Strafen! Dennoch wurde die Stube oft zum Zufluchtsort der Verfolgten, wenn man an einem Sonntag in der Fabrik nicht arbeitete und die gesamte Besatzung im Lager die Steine schleppen musste, im Sumpf vor dem Appellplatz, wo ein Riesenteich angelegt wurde (zu welchem Zweck, das weiß ich bis heute nicht), zu waten und beinahe zu ertrinken; so begab man sich, zu Tode ermüdet, in die Rasierstube, ins Warme. O weh! Wenn du aber keine Stoppeln im Gesicht hattest, keine Haare auf dem Kopf, dann wurdest du von sieben französischen Friseuren bis zur Unkenntlichkeit gequält. Und auch sonst schauten der *Lagerkapo* oder der *Lagerälteste* herein, ob hier nicht etwa jemand sich vor der Arbeit drückte. Wenn dort jemand erwischt wurde, hat man ihn erschlagen und weggeworfen.

Und die Kälte dort in Gleiwitz, ohne Unterwäsche, ohne Strümpfe, nur in einer Sträflingsjacke und einer dünnen Streifenhose mit 99 Löchern. Und die kaputten Holzpantinen ... damals lief ich ganze Monate mit nackten Fersen im Schnee.

Aber auch in der Fabrik war es nicht ruhig. Von Waggon zu Waggon wanderte eine Arbeitskontrolle, deutsche Meister durften mit Stöcken Häftlinge erschlagen, Ohrfeigen gab es mehr als genug. Und auch dort die gleiche Kälte, denn die Hallen wurden nicht beheizt und die Mützen durften wir bei der Arbeit – mit der Begründung, dass wir die SS-Männer zu nachlässig grüßten – auf dem kahlgeschorenen Schädel nicht tragen.

Und so ist die Anzahl der Hinfälligen auf dem schon erwähnten HKB „erfreulich" von Tag zu Tag gewachsen und gewachsen. Es gab dort aber auch Tagesabgänge ins Jenseits, zumeist durch Lungenentzündungen, schlimme Durchfälle und grauenhafte Phlegmonen. Anderes kanntest du dort nicht. Na, und dann noch die Erschossenen und die in den Latrinen Ertrunkenen. Auf diese Weise verlor ich zwei der besten Kameraden, Vašek Hrubý und Ota Hanák ...

Der Bub der Hrubý-Familie war ein hochgewachsener Mordskerl, etwa wie Franta Schön, nur stärker. Ich kannte ihn noch vom „plácek", dem Platz an der Moldaubrücke, nach Svatopluk Čech benannt, wo wir um 1910 an der Stelle der heutigen Juristischen Fakultät unseren „fotbal plac" hatten: Unser Klub hieß „FC Everton", und Vašíček war dort Kapitän. Später hat auch er Journalistik betrieben, ist zum Schluss in die schwere Industrie gegangen und war wegen Sabotage in Gefangenschaft geraten. Aber hier mochten sie große Menschen nicht, sie ragten aus der Reihe heraus und überhaupt, er passte ihnen nicht in den Kram. Und so zahlte auch Vašek den Preis.

Es war etwa Anfang Dezember 1944. Wir schufteten im Werk. Vašek war auch ein Tischler wie ich und arbeitete in derselben Meisterei wie ich. Ich stehe gerade hoch auf dem Dach des eisernen Zementwagens, wo ich die Seitenbretter einsetze. Unter mir, in der Tiefe, arbeitet Vašek mit einem Luftbohrer. Es will ihm nicht gelingen. Er packt den Schlauch und geht mit ihm an Gleis II, III, I zum kleinen Fenster, an dem man Gummireparaturen annimmt. Dort in der Nähe befindet sich ein Tor, wo, wie alle fünfzig Meter, ein SS-Mann steht. Ein Schuss fällt, ich erschrecke und werfe einen Blick Richtung Tor. Vašek in einer Blutlache! Er rührt sich nicht, er ist tot. Oberkapo Peter wird herbeigerufen. Wir müssen Vašíček auf eine auf dem Boden liegende Holzplatte legen.

Am Abend ging an der Stirn unseres Zuges eine Gruppe von vier Jungen, die, die Holzplatte aufgeschultert, Hrubý „daheim“ trugen. Wir durften nicht gleich ins Lager. Wir warteten draußen vor dem Eingangstor und an dem Drahtzaun, an dem überall die Totenköpfe vor der Gefahr warnten, sich dem Lager zu nähern. Dann ist drinnen alles vorbereitet. Die Kapos speien ihre Befehle, einer über den anderen, wir trampeln „auf der Stelle“; nun setzen wir uns in Bewegung. Die Kapelle da drinnen spielt bereits den preußischen Marsch und anschließend den „Auschwitzer-Marsch“. Am Tor steht Moll, noch draußen, vor dem Lager. Der Befehl erklingt: „*Mützen* ab, nach rechts schauen!“ Wir schauen nach rechts, mit erhobenem Kopf, wir sind bereits drinnen, als plötzlich ... was haben sie da wieder vorbereitet? Rechts vor dem Block II sitzt ein Häftling auf einem Stuhl, noch kann ich es nicht genau sehen, aber da nähere ich mich ... um Gottes Willen! Das ist Vašek Hrubý, ganz nackt, erstarrt, mit halb offenem Mund, als wolle er uns noch etwas sagen. Die Augen aufgerissen, auch das Augenweiß, dass mir so bekannt ist, die Zähne gefletscht, mein Gott, er sitzt da, als würde er noch leben, er ist sicher an den Stuhl gefesselt. An der Brust, in die er wahrscheinlich geschossen wurde, hat er eine große Tafel: *„Auf der Flucht erschossen!“*...? Vašek soll eine Flucht versucht haben? Das ist doch eine Lüge, eine gemeine Lüge! Ich war dabei, als es passierte, es war schnell wie ein Blitz, alles dauerte nur eine Sekunde! Er wollte doch nur mit dem Schlauch in die Reparaturwerkstatt und der SS-Mann hat ihn einfach erschossen, aus dem Nichts! Wie können sie bloß derartig lügen! ... Ein Schwindelanfall packt mich, ich sehe nicht, höre bloß den widerlichen preußischen Marsch, dann den „Auschwitzer“... Ich sehe rot ... wie ist das bloß möglich; lieber Gott, warum setzt du all dem kein Ende! ... Und so saß der Vašíček dort am Tor drei Tage und drei Nächte. Am dritten Tag ist sein Kopf bereits auf die Brust hinabgefallen und sein Leib war gelb wie Wachs. Und in der Früh und am Abend mussten wir vor Vašíček defilieren, „Stechschritt" und „*Augen rechts*"! Dazu wurde „auf die deutsche Art" gespielt.

***

Wenn zu der Zeit, als wir im Lager gearbeitet haben oder zu Hause[23] waren, ein Luftangriff stattfand, war alles erträglich. Passierte dies aber in der Fabrik, erlebten wir die Hölle auf Erden. Die Sirenen, Appell auf der „Bühne zwei", wo wir immer antreten mussten. Und dann jagten sie uns nicht in die Bunker, sondern in einen Lagerraum, wo wir, aneinandergepresst und bis zu den Knien im Wasser standen. Und dort quälten uns dann sowohl die SS-Leute als auch die Kapos: „Na, du Professor!", drehte sich ein etwa 20-jähriger SS-Mann mit schlechtem Deutsch (es war ein Kroate) zu mir, na, „hier hilft dir auch das *Väterchen Stalin* nicht! Von hier kriechst du nicht mehr raus!" Und schon hämmerte er auf mich mit dem Kolben ein. Damals rettete mir das Ende des Luftalarms das Leben, sonst hätte er mich dort unten in der Dunkelheit im Wasser totgeschlagen.

An den Händen habe ich bereits ein Dutzend Verletzungen, dadurch, dass ich mit einem Schlüssel die Schraubenmuttern anziehe, habe Wunden an den Füßen von den brutalen Schlägen der SS-Leute und der Kapos, die Stirn habe ich mir eingeschlagen, als der Oberkapo mich am Heiligabend gegen den Zaun schleuderte und mir ein Brett auf den linken Knöchel fiel. Der Fuß schwillt langsam aber sicher an, einfach gesagt: Auch ich bin bereits ein „Muselmann" und bei der nächsten Selektion würde ich bestimmt auf das *Himmelfahrtskommando* geschickt, nach Auschwitz, in den Ofen ...

In der Früh um vier, wenn mich das Geklirre der Glocke geweckt hat, jammere ich, dass die Nacht und die Träume zu Ende sind, in denen der Mensch über das Leiden nichts weiß. Ich wache auf, der nächste schreckliche Tag. Bekomme ich vielleicht heute den befreienden Schlag? Die Wunden an den Füßen und Händen schmerzen, sobald ich mich aufrichte, und zu alledem öffnen sich am Kopf, an der Brust und am Rücken Geschwüre, alles fließt ... brrr! Ich hasse mich selbst, bin ein Tier, ein schmutziges, räudiges Tier, ich ekle mich vor mir selbst. Wozu diese Quälerei, oh, Gott! Heute fasse ich den Draht an, heute bestimmt!

Und doch habe ich es nicht getan, noch flackert ein winziger Hoffnungsfunke auf dem Boden meiner gequälten Seele ... Der Junge ... Meine Frau ... Für die musst du dich doch retten! Gut, ich gebe mir ein Ultimatum! Bis Ende März 1945! Wenn dann das Kriegsende kommt und ich mich rette – wenn ich gegen Ende nicht erledigt werde oder wenn mir eine Flucht gelingen sollte – gut. Wenn es nicht so kommt, fasse ich den Draht an, bestimmt, ganz bestimmt!

Es ging uns allen dort erbärmlich, unmenschlich. Nur gewisse Knaben, so zwischen sechzehn und achtzehn Jahre alt, die auch nur den Jargon kannten, die waren gut dran. Sie waren „Gespielen" unserer ruchlosen Blockführer und Kapos, meist Homosexuelle,[24] die die Knaben mit Luxusgütern verwöhnten: Marmelade, Wurst, Obst, Schokolade, Weißbrot, Speck, Sardinen in Öl, all das, was sie für den Verleih ihrer jungen Körper nur wünschen konnten. Auch Kleidung hatten sie, so viel sie verlangten: warme Pullover, warme Unterwäsche, ordentliche Schuhe, Wintermäntel, kurz gesagt: alles! Sie zahlten ordentlich, diese Bestien im Dienst der nazistischen Folterkammern.

Folgende Szene, die bei uns auf der „Fünf" geschah, vergesse ich nie: An einem Abend umarmte der Blockführer im Lustanfall seinen „Lustknaben", einen 16-jährigen Jungen – einen hübschen Jungen, muss ich sagen – irgendwo von der Karpatoukraine her. Er küsste diesen sich uns gegenüber so frech benehmenden Knaben, der nicht arbeiten musste und nur als Stubenordner von dem Blockführer beschäftigt wurde. Da packt der Blockführer den Jungen, hebt ihn hoch und legt ihn vorsichtig auf den Tisch, mitten im Block, zieht ihn aus und vor unseren Augen ...

***

Ein Blockführer namens Hans erzählte am liebsten Geschichten, die seine frühere Betätigung und seine Karriere in Sachsenhausen betrafen.

Er machte stets darauf aufmerksam, dass er rot und nicht grün sei, und dass es im KZ früher schlimmer gewesen, es heutzutage ein Sanatorium sei. Es war um die Weihnachtszeit 1944, der Abend nahte. Nach der Fabrikarbeit sowie der Lagerarbeit stehen wir um die Pritschenbauten herum. Da stürzt jemand durch die Tür, springt blitzschnell auf den Tisch, „aufs Brot" und schreit: „Kinder, ich bin entlassen!" Es ist der Blockführer Hans, der Befehlshaber unserer Unterkunft, der nach elf Jahren hinter Gittern das KZ verlassen darf und am Morgen hinaus, in die Welt, unter die Menschheit gehen soll. Er schreit und weint, wälzt sich auf dem Tisch herum. Wir fangen ihn sofort auf, heben ihn in die Höhe und schreien: „Hoch soll er leben!" Wir wissen selbst, und am eigenen Leib erlebten wir, was für ein Sadist und Irrer er war, dennoch, in diesem Augenblick packte auch uns eine wahnsinnige Freude, dass jemand von hier in die Freiheit kommen konnte. Wann wird vielleicht die Freiheit auch für uns kommen? Ich glaube langsam nicht mehr daran, ganz besonders dann nicht, wenn ich gerade auf den Appellplatz hinausschaue, wo zwischen dem Stacheldraht und einer kahlen, hohen Wand dieses Zuchthauses die Sonne untergeht ...

***

„Sie schliefen auf der Latrine ein und fielen runter!" So begründete Moll gestern das Ertrinken von Ota Hanák und eines gewissen Elsners in der Abfallgrube der dritten Gleiwitzer Latrine. Die Wahrheit war aber eine andere. Ota litt, wie Hunderte und Aberhunderte andere hier in Gleiwitz, an Durchfall. Und deshalb rannte er bis zu zwanzig Mal auf die Latrine. Der Lagerkapo warnte davor, den „Hühnersteg" zu verunreinigen, aber es passierte auch bei der größten Vorsicht: In der Nacht, im Schnee, kam man nur schwer hinaus zu der Latrine und dann ging alles schnell. Und so stand in einer schönen Nacht dieser brutale Mensch auf und ging kontrollieren. Draußen saßen gerade nebeneinander Ota und dieser Elsner. Er schlug beide zu Boden und stieß sie mit dem Fuß so lange, bis sie ertranken ... Es war nicht das erste Mal und nicht das letzte Mal. In der Gleiwitzer Latrine wurden an die zweihundert Unschuldige ertränkt!

***

Der Gleiwitzer HKB, was für ein traurig-berühmter Leidensort, ohne Hygiene, ohne Medikamente, ohne barmherzige Ärzte! Es waren Schinder, diese „französischen" Ärzte-Häftlinge, Wahnsinnige, Irrsinnige, sei es der verträumte Chirurg Ingler, der auch die Finger ohne Narkose absägte und der vor der Untersuchung gerne ohrfeigte, sei es der Chefarzt Ornštejn aus Bukarest, der von allen noch der Anständigste war, oder der Holländer Levi, der Rumäne Blumen und zahlreiche weitere. Der uralte Katz war die einzige gute Seele hier, er brummte wie ein Bär, aber hatte wenig zu sagen. Die Clique Ornštejn-Blumen war hier die Herrin über Leben und Tod.

Und erst der Chef der hiesigen Selektion, der schielende *Obersturmführer* Rudolf in einem grünen Ledermantel und mit dem Schäferhund *„Hexe"*! Die Selektion führte dieser Henker täglich durch, das war seine Arbeit, täglich besuchte er die beiden Baracken, wo auf den Etagenpritschen jeweils drei Kranke lagen.

Ein Phlegmone-Kranker lag auf einer Schlafstelle gemeinsam mit einem Typhuskranken und mit einem Jungen, der eine Lungenentzündung hatte; dort lag ein Häftling mit ununterbrochenem Durchfall, dem er innerhalb von 48 Stunden erlag, auf einem Bett mit einem Kameraden, dem man das Bein amputiert hatte, nachdem ein Waggon über sein Bein gefahren war, und mit einem Jungen, der an Diphterie litt. Der Gestank überall, bizarre Gefäße reichte man von Bett zu Bett. Und auch hier ein Kampf um die Suppe. Und wie sie uns um sie bestahlen, zum Beispiel der durchtriebene Blumen! Selbst vertilgte er das gestohlene Brot und irgendwo aufgetriebene SS-Suppe, andere Ärzte versorgte er, während wir von unseren Pritschen abgemagert und hungrig nach unten schauten, wie er Töpfe, Taschen, Päckchen hinüber in den Ärzteraum tragen ließ.

Wie ich zum HKB kam? Eigentlich wollte ich nicht hin, denn wer dort schon stecken geblieben war, hatte ein Ticket für die Freifahrt nach Auschwitz, in den Ofen. Wer auch nur zur Ambulanz kam, wurde von Oskar genau eingetragen, auch, wie oft er bereits im HKB gewesen war, was für eine Krankheit oder ob er einen Unfall hatte (Unfälle gab es in der Fabrik täglich Dutzende!) und ob er noch einmal kommen sollte. Du bist vor der Ambulanz „in der Schlange" barfuß gestanden, denn die Holzpantinen mussten runter, damit man in die Ambulanz keinen Schmutz und keinen Schlamm hineintrüge.

Und der Gestank von den Phlegmonen, so viel Eiter überall hier in den Eimern, so viel Blut auf dem Boden! Du legst den Fuß auf eine Stange, die die nebeneinander arbeitenden Ärzte von den Patienten trennt. Der Arzt hinter der Stange nimmt eine Schere, und ohne sie zu reinigen, schneidet er deine Wunde auf und verbindet sie mit Papier. Du kriegst noch eine Ohrfeige „umsonst" und befindest dich wieder an der frischen Luft. Es geht schnell! Und daher die Anhäufung der Ex-Fälle in dem Rasierraum, wohin man die Leichen geworfen hatte, um sie einmal in der Woche mit einem SS-Waggon in das nahegelegene Rajsko [Birkenau], nicht mehr ins Gas, sondern ins Feuer ...

Gestern bin ich im Waggon ohnmächtig geworden. In der Früh habe ich die Fabrik noch humpelnd erreicht – die Kameraden hakten mich von jeder Seite unter und trugen mich mehr oder weniger –, aber dort konnte ich nicht mehr arbeiten. Ich versuchte zu rennen, mit dem nackten linken Fuß, denn die Holzpantine habe ich nicht mehr anziehen können. Der Fuß ist furchtbar angeschwollen, den Knöchel siehst du nicht mehr, Phlegmone, drittes Stadium. Die Jungs warfen über mich ihre Streifenjacken, damit mich die Kontrolle [gemeint ist die SS] nicht sehen konnte, aber es half nicht. Sie haben mich auf dem Waggonboden ausgespäht, und schon bin ich bei dem Oberkapo angezeigt worden. Sie zogen mich in die Fabrikschreibstube. Ein junger Franzose schreit mich an, warum ich mich heute früh im Lager nicht gemeldet hätte. Mittags fahre ich auf einem kleinen Wagen, auf dem man die Kessel mit Suppe in die Fabrik befördert. Wir fahren durch eine ganz andere Straße, nachdem sie mich davor aus der Belegschaft herausgenommen hatten. Auch einen SS-Mann gaben sie mir mit auf den Weg, denn der Fuhrmann ist auch ein Häftling. Wir fahren durch die Stadt. Was für ein Gefühl! Wie lange bin ich nicht mehr durch eine lebendige Stadt gegangen oder gefahren? Wir fahren an den Häusern entlang, ich sehe in die Fenster ... In den Zimmern sitzen Leute am Tisch und essen zu Mittag, in den Läden kauft man ein. Das Leben, das Leben, wie ich mich danach gesehnt habe, das Leben, die Stadt und die Leute, auch die Hunde spielen an der Ecke, Kinder ... Jedoch, diese Kinder sind böse. Sie rufen jedes Mal, wenn wir in die Fabrik gejagt werden, sie rufen und johlen und auch die Kleinsten heben dabei den rechten Arm zum faschistischen Gruß, um unsere Bewacher zu preisen, die tapferen Männer von der SS.

Wir fahren durch die Sträßchen des Arbeiterviertels. Ich sitze hinten auf den Suppenkesseln und halte die Schüsseln, damit sie nicht auf die Straße fallen. Wir fahren ... und da sehe ich mich in einem großen Spiegel vor der Drogerie. Ich erschrecke. Das bin ich?! Grün im Gesicht, abgemagert, grau, ganz verändert ... Und was für ein Prachtkerl war ich, als ich zu Hause zu Reportagen gegangen bin, so voller Leben war ich und voll Freude über meine Arbeit, was für ein Sportler und überall gern gesehener Kumpel ... Und heute? Ein Skelett, eine halbe Leiche, ein „Muselmann", reif für die Auschwitzer Öfen ... Zuerst musste ich in die Schreibstube im Lager, dann zum HKB, Ingler misst vierzig Grad! „Du kommst morgen, nach dem Appell, jetzt nehmen wir nicht auf!" Ich muss in den Block. Die Schmerzen, ich kann nicht mehr, mein Gott, ich kann nicht! Und in der Früh, mit einem Elefantenfuß und hohem Fieber zum Appell, bei minus 39 Grad ... Wir stehen dort fast eine Stunde, dann erst höre ich, wenn auch nicht gut: „Arztvormelder vortreten!" Ich trete vor. Sie jagen uns ins Bad, unter die heiße Dusche, dann ohne Wäsche zum HKB. Dort erhalte ich andere, „gestreifte" Kleidung, und nachdem sie mich da eine Stunde, noch eine Stunde haben stehen lassen, stoßen sie mich auf eine Pritsche im „I. Stock" zusammen mit einem tuberkulösen Polen.

Und so blieb ich dort volle elf Tage und überlebte hier elf Selektionen des Obersturmführers Rudolf. Der kam immer so gegen drei. Ochsenziemer in der linken, in der rechten Hand eine Zigarette, in seinem Gefolge die Ärzte und der Schwanzwedler Blumen, der sich gezwungen fühlte, mit der „Hexe" zu spielen. Etwa so hat er die Kranken fürs Gas ausgewählt: Er saß auf dem Tisch mit einer Zigarette im Mund und ließ die „Muselmänner" vor sich defilieren. Wer ihm reif für den Ofen vorkam, den hat er sich neben der Kammer hinstellen lassen. Wer nicht aufstehen konnte, zu dem kam er ans Bett: *„Bis Samstag! Dann zur Glut!"* So klang es meistens. Entsetzen ging von ihm aus. Er erinnerte mich an einen

Molch, an eine Kröte, er war so kühl, so kalt, und schielte furchtbar!

Ich stehe an der Bettstelle des „großen Fricek“, einst Torwart internationaler Klasse, früher ein Prachtkerl! Tag für Tag blieb weniger von diesem Riesen. Ich weiß nicht, unter welcher Krankheit er litt, er war damals 29 und sah aus wie hundert, wie ein Greis. Fricek siechte immer mehr dahin. Ingler, Blumen und noch ein anderer Arzt gehen an ihm vorbei, ohne ihn anzusehen. Er stemmt sich ein wenig mit den Ellbogen hoch. „Frantík, ich glaube, dass ich hin bin! Und dabei wollte ich nach dem Krieg wieder im Tor stehen.“ – „Du wirst spielen, Fricek, du wirst wieder spielen!“ Ich überlege, was ich ihm Aufmunterndes sagen könnte. Ich halte mich an der Pritsche, denn mein Fuß schmerzt noch, aber er ist schon besser. Ich habe die Krise überwunden. Morgen gehe ich in die Fabrik, vielleicht, ich weiß es noch nicht sicher. Vielleicht schicken sie mich zurück nach Birkenau ...

Friceks Lippen sind wie ausradiert, sein Mund ist größer geworden, die Zähne ragen aus dem Mund heraus, als wären sie aus Kreide. Sein Fleisch schmilzt wie Schnee in der Sonne, die Stirn ist hochgewölbt, die Backenknochen leuchten, das Skelett stößt mehr heraus, ans Licht ... Die Augen, sie sinken langsam ein. Und was für ein Kerl, ein Held des grünen Rasens der Prager Letná, der Traum vieler Mädchenherzen, der große Fricek! Hier liegt er – und warum? Die gesamte Menschheit sollte hier vor Friceks Bett defilieren und allen sollte man in die Ohren rufen: „Das hier ist Fricek Tausik [Taussig], er ist 29 Jahre alt, achtmal spielte er international, dreimal gewann er die Meisterschaft für seinen Klub. Und ihr sollt alle wissen, ihr Leutchen, Fricek möchte nicht sterben, er will nicht, will nicht! Lasst ihn nicht sterben, lasst es nicht zu!“

Es dunkelt, Fritz’ Gesicht wird blasser und seine Nase spitz. „Wenn du dich rettest, sag Mama alles“, flüstert er mir schwach zu. Noch atmet er, sein Gesicht ist feucht, er weint.

„Aber Fritz, schlafe!“ Tränen fließen ihm über die Wangen, ich würde sie gerne trocknen, habe aber kein Taschentuch. Die Stunden vergehen ... er spricht nicht, kann wahrscheinlich nicht, alles geht dem Ende zu; sein Kopf liegt auf der Seite, er weint immer noch etwas ... jetzt ist er allein. Mit sich allein, er weint ob seines jungen Alters, er weint um sein Leben, das ihn gerade verlässt. Plötzlich stöhnt Fricek ... würgt ... dann ist er tot. Das Gesicht, noch von den Tränen feucht, die halb offenen Augen sind gelb wie alte Jägerknöpfe aus Knochen. Hinter mir ziehen sie Fricek von der Bettstelle. Und oben liegt schon ein nächster, neuer Patient. Den werfen die auf das Bett, eins, zwei, drei. So wurde im HKB in Gleiwitz gestorben ...

Das Werk hat uns verzehrt, langsam aufgefressen, mit Haut und Haaren ... Na, und wenn mich die verdammte Waggonwerkstatt derartig abgenützt hat: wo stets Feuer brannte, wo man nur einmal in der zwölfstündigen Arbeitszeit austreten durfte (und sich beim *„Scheißmeister“*, dem führenden Häftling auf der Latrine, melden musste) und wo du drei bis vier Mal pro Schicht auf der „Bühne II“ zum Zählappell antreten musstest, danach warst du für das Reich bereits erledigt. Wenn du den „Übermenschen“ nicht mehr helfen konntest, damit sie ihren „notwendigen Krieg“ gewinnen und ihnen bloß ihre Hypermangan-Suppen wegisst, dann wollen sie dich hier nicht mehr, sie setzen dich als „Siecher“ oder „Muselmann“ ins Auto und bringen dich nach Rajsko [Birkenau], wo du ins „Gaswerk“ I bis IV und anschließend schön in den Ofen I bis IV kommst. Und das war's. Mehr passiert nicht, warum dann so viel Aufregung, mein Lieber! Es ist doch nichts geschehen, nur ein Schreiber weniger, einer, der wollte, dass es auf der Welt nach Recht und Humanismus gehe, damit die Worte T. G. Masaryks nicht nur gehört, sondern auch erhört werden.

Der Lagerälteste, ein frecher und protziger Deutscher aus Stuttgart, selbst ein politischer Häftling, jedoch ein Feind aller Gleiwitzer Sklaven, sagte es auf dem Appellplatz einmal ganz klar: „Wen einmal die Giftschlange, dieses RAW, gebissen hat, der muss sterben!" Und er hatte Recht. Wer sich bei der Arbeit im Waggonwerk nur ein wenig verletzt hatte, dem eiterten nicht nur die Wunden an den Füßen und Händen, sondern es vereiterte auch sein Gehirn.

Wir sind hier ein einheitlicher Typ Häftling von Gleiwitz: Kopf groß, kahl, nach vorne fallend, der Körper abgemagert bis auf die Knochen, Ausdruck des Gesichts abgestumpft; einer ähnelt haargenau dem anderen, wir unterscheiden uns nicht voneinander. Nur Kapos und die Blockwarte, Vorarbeiter und Gespielen dieser Knechte, die unterscheiden sich von der grauen Masse der elenden Muselmänner.

Das alles spielte sich unter dem Taktstock des Kapellmeisters Moll ab. Und doch hat mir, so bizarr das klingen mag, einmal dieser berüchtigte Moll das Leben gerettet.

Ich komme in den Waschraum III. Ganz zufällig, irgendwie am freien Sonntagnachmittag. Es gibt heißes Wasser im Kessel, ich freue mich. Mit dem einzigen gesunden Finger fasse ich in das heiße Wasser, um mir über das Gesicht zu fahren, um mich ein wenig zu waschen. Plötzlich stürzt der Blockführer von der Zehn herein. „Du Hund!", schreit er, „für dich ist das Wasser nicht! Man wird darin meine Wäsche waschen!" Und schon tobt er. Mit einem gut gezielten Schlag haut er mich zu Boden nieder, packt eine unweit liegende Schaufel und nun hämmert er auf mich ein ... Langsam verliere ich das Bewusstsein, ich blute, das weiß ich, denn etwas Warmes fließt mir hinten am Schädel herunter, am Hals, am Rücken ... Plötzlich erscheint in der Tür Moll mit einer Gruppe von SS-Männern. Ich höre nur, dass er fragt, was los sei. Der Blockführer zeigt auf das heiße Wasser ... und hört auf zu schlagen ... ich versuche langsam auf die Knie zu gehen und dann stehe ich: *„Herr Lagerkommandant!"*, rufe ich aus, so laut es nur geht, „ich wusste nicht, dass man das nicht darf!" Moll lächelte damals nur, befahl dem Tobenden, mich in

Ruhe zu lassen, und befahl mir, zur Strafe den Waschraum in Ordnung zu bringen. Dann ging er fort, nur sein Hund schaute mich noch eine Weile an, bevor auch er aus dem Waschraum verschwand. Ich blieb allein. Aufgeräumt habe ich nicht, ich setzte mich auf den nassen Beton und ruhte mich aus. Damals rettete mir Moll das Leben.

***

Wir gehen in die Nachtschicht. Unendliche Kolonnen ziehen durch das winterliche Halbdunkel und den Nebel. Mühsam geht man heute im Schnee. Dort links erreichen wir bereits das erste Arbeiterhaus hier draußen in der Vorstadt. Die Fenster sind beleuchtet, hier verdunkelt man nicht, es ist erst fünf. Im Zimmer sitzt man bereits am Tisch: Vor mir ersteht das warme Heim. Sie bereiten sich dort bestimmt schon auf die Feiertage vor, denn morgen ist bereits Heiligabend ... Heiligabend im KZ, nichts Traurigeres auf der Welt! Und an diesen Heiligabend 1944 werden wir alle zurückdenken. Es gab an dem Tag mehrere Opfer der Nazi-Bestien. Bereits im Werk, wo beim Abmarschieren nach Hause (es gab heute keine Nachtschicht, auf die wir immer gegen fünf warteten, bis sie hereinmarschiert war) beim Zählappell auf der Bühne II ein Mann fehlte. Es wurde gezählt und wieder gezählt, es stimmte nicht; die SS-Männer tobten, und insbesondere der Mörder unter uns, der Oberkapo Peter, schleuderte wütend mit der Geißel um sich. Ich stehe, denke an nichts. Ich bin schon so müde und weiß nicht einmal, ob ich schlafe, wache, lebe oder auf der Pritsche liege ... Da spüre auch ich einen Schlag über den Kopf ... Ich taumele, kurz verliere ich das Bewusstsein, aber im Nu bin ich wieder bei mir ... Aber meine Brille ist unten, zerschlagen hat sie der Sadist Peter, der sich auch hierher, in meine Nähe begab. Ich sehe nichts und eine andere Brille bekomme ich nicht (so bin ich volle fünf Monate ohne Gläser gelaufen, bis ich in Częstochowa ein Arztthermometer gegen eine gewöhnliche Brille umgetauscht habe); so wurde auch ich heute, am Heiligabend, misshandelt, meine Stirn ist aufgeplatzt ... die Wunde blutet und Peter wütet und rast immer noch. Bis er plötzlich ruft: *„Scheißmeister!“* Der graue Häftling tritt vor. „Hast du nicht jemanden auf dem Scheißhaus eingeschlossen?“ Der Meister aller Aborte, der den Schlüssel bereits an den Oberkapo abgegeben hatte, bekommt ihn noch einmal und rennt, was seine Beine hergeben. Wenig später kommen sie, beide, der *Scheißmeister* und noch ein Häftling, ein Holländer, ein Arzt, der in einer Abteilung des großen Aborts vor Müdigkeit einschlief und das Ende der Schicht überhörte.

Beide stehen vor Peter wie zwei nasse Hennen. In der riesigen Halle herrscht absolute Ruhe. Sogar die SS-Männer sind jetzt neugierig, was dieser Sklavenkönig, dieser eitle Mörder Peter, der über eine größere Macht verfügt als die gesamte SS im Lager und Werk zusammen. Du, Heiligabend, heute, an diesem Tag, an dem auch an den Fronten der Kampf nachlässt, heute fallen wieder Menschen, unschuldige Menschen dieser „Weißen Krankheit“, die die ganze zivilisierte Welt befallen hat, zum Opfer. Weihnachten 1944, vergiss nicht, Kamerad, was du hier gesehen hast, und vergiss nicht, solltest du irgendwann eine Gelegenheit haben, zu warnen und wieder zu warnen vor dieser Seuche, dieser „Weißen Krankheit“, die unser große Karel Čapek[25] so hellseherisch benannt hatte.

„Seppl!“, ruft der Oberkapo, und schon stellt sich dieser brutalste Kretin unter dem Himmel, Seppl, ehemaliger SS-Mann, der hier in Gleiwitz zuerst als Blockführer und später als Kapo im Kommando I fungierte, Seppl, dieser heisere Ungesittete von den österreichischen Alpen, Seppl, der hier bereits dutzende Häftlinge auf die allerbestialischste Art aus der Welt schaffte. „Seppl, mach sie fertig!“, lautete des Oberkapos Befehl.

Wir wissen, was es bedeutet. Seppl streift die Ärmel hoch, spuckt in die Hände und macht sich an die „Arbeit". Mit einem einzigen Schlag streckt er den Scheißmeister nieder, der zweite Schlag gehört dem holländischen Arzt; beide richten sich langsam auf; Seppl schreit sie an, sie sollen aufstehen, es geht aber nicht so, wie er möchte; und so schlägt er auf sie ein, schlägt mit beiden Fäusten, bis beide tot auf dem Beton liegen. Dazu lacht Peter und lobt „seinen" Seppl. *„Gute Arbeit, Seppl!"*, sagt er. Und schon befiehlt er: *„Das Ganzeeee stillgestanden! Im Gleichschritt Maaarsch!"* Wir tragen die beiden zurück nach Hause, am Heiligabend zu Tode gefoltert.

Und noch zu Hause haben sich unsere Folterer ausgezeichnet. Es war etwa nach Mitternacht. Aus dem angrenzenden Kämmerlein unseres Blocks ertönte Gebrüll, Geschrei und Lärm: Der Blockführer war besoffen (Alkoholvorräte nämlich hatten diese Schergen zur Genüge, und dementsprechend konnten sie den Heiligabend feiern), stürzte in den Raum und rief Nummern, wie sie ihm einfielen, ohne nachzudenken. Die so Gerufenen schliefen oder wollten nicht hören, sodass ein Chaos entstand: Die einen weckten die anderen, ein Nachbar stieß seinen Nächsten an, dass er aufstehen solle, weil er gerufen wurde, und so stieg man langsam von den Pritschen herab.

Es waren damals zwölf nach ihren Nummern Ausgerufene. „Wir gehen in die Christmesse!", ruft der Blockführer, „und schön im Adams-Gewand! Schnell, schnell, los, los!" Er stellt sie in die Reihe, nackt, ohne Schuhe, und führt sie hinaus vor den Block, in den Schnee, wo sie rundherum laufen müssen. Er schaut ihnen eine Weile aus dem Fenster zu, dann aber schließt er die Baracke, die Nackten lässt er draußen und selbst hat er sich in seiner Kammer in die Decken eingebohrt. In der Früh fanden wir sie: drei von ihnen erfroren, die Übrigen derartig zugrunde gerichtet, dass fünf von ihnen binnen einer Woche im HKB starben. Der Rest kam wie durch ein Wunder davon.

So etwas wurde bei uns „Sport" genannt. Und Sport, der war in der Regel für den gesamten Block Pflicht, meist dafür, dass dem Herrn Blockführer die Herrichtung eines Schlafplatzes nicht ordentlich genug zu sein schien.

***

Wir arbeiten in einem großen Lastzug, in dem sogenannten fahrbaren Kühlschrank; wir bessern den Fußboden aus, Bubik Šrétr [Schrötter], ein gewisser Dave aus Kielce und ich. Heute sind wir auf dem Gleis Nummer VII, in einer anderen Halle. Es ist furchtbar kalt dort, jedoch kann man hier besser schwänzen. Im Wagen ist es halbdunkel und der „alte" Gleiwitzer Meister Schiweck („*Stellmacher*" nannte er sich stolz – er war nicht der Schlimmste, brachte uns sogar einmal ein paar Buchteln, wahrscheinlich taten wir ihm leid), der verirrte sich hierher, in die „neue Welt", selten, auch die Kontrolle war dort nicht so streng wie in der Haupthalle.

Wir setzen genau ausgemessene Bretter in die Bodenlücken, jeweils zwei von uns halten das Brett, der dritte klopft es ein. Es ist eine widerliche Arbeit und jedes Mal verletzt man sich dabei. Nach einigen Stunden sind wir fertig, vor der festgesetzten Zeit. Und so haben wir Zeit, bis uns Schiweck findet und uns eine neue Arbeit gibt. Bubi holt eine unter der Bluse versteckte Zeitung hervor. Es ist, glaube ich, der „Beobachter", für mich etwas unbeschreiblich Ersehntes. Ich möchte den Kriegsbericht lesen und auch sonst wüsste ich gerne, wie die Deutschen die Situation einschätzen und was sie wieder räumen mussten. Hier im Werk gehe ich ständig mit gesenktem Kopf und schaue, wo immer ich auf dem Boden weggeworfenes Zeitungspapier erspähe. Ich hebe es auf, selbstverständlich schaue ich zuerst, ob mich jemand sieht. Und auf die Weise habe ich bereits hunderte von solchen Fetzen gesammelt und daraus schöpfe ich Hoffnung. Ein Feiertag ist für mich aber dann, wenn ich wenigstens eine halbe Seite oder sogar eine ganze Seite vom „Wanderer“ finde. In diese Zeitung packen die Meister ihr Frühstück oder ihr Mittagessen ein.

Und heute haben wir im Waggon sogar eine ganze Zeitung, welch eine Freude! „Bubik, leih mir das, ich werde vorsichtig lesen!“

Die Zeitung habe ich bereits in der Hand und schlage sie um, mache ein winziges Päckchen aus ihr, drehe mich mit dem Rücken zur Tür um und lese vorsichtig. Die Jungs markieren Arbeit, halten Hämmer in der Hand und klopfen in die Wände. Man arbeitet bei uns im Waggon, man arbeitet!

Wie er hier erschienen ist, weiß ich bis heute nicht! Er war plötzlich einfach hier oben, bei mir im Waggon, hält mich an der Hand und zieht mich aus dem Wagen: der Oberkapo Peter! In der schwarzen SS-Uniform mit dem roten Kreuz auf dem Rücken, ohne Mütze, und raucht eine.

„Komm, komm, du Vogel! Zeitung wollt ihr lesen, Jungens, in der Arbeitszeit, und von wem hast du sie?“ Und jetzt spricht er nicht mehr und zerrt mich irgendwohin nach vorne, in die vordere Halle ... aha, ich sehe schon, wohin. Vor dem Bretterlager steht Moll im Kreise seiner Untertanen, heute ist er zugegen, auf der Inspektion. Er verhört gerade einen Kameraden, den kleinen Korn. Was hat der wohl verbrochen? Er ließ ihn abführen, auch dessen Sohn, der hier arbeitet. Und nun bin ich an der Reihe. Oberkapo Peter übergibt Moll die Zeitung. Moll hält mich mit der linken Hand und fragt, welcher Zivilist mir die Zeitung beschafft und was für Beziehungen ich zur Außenwelt habe.

„Ich fand sie im Wagen!“, antworte ich fest. Und schon fange ich mir eine. Ich fliege mit dem Kopf auf ein eisernes Geländer, wahrscheinlich habe ich mich verletzt, wieder Blut im Nacken. Ich stehe auf und schon habe ich die zweite und liege wieder. Moll geht mit seinem Gefolge fort. Peter tritt mich mit dem Fuß und ruft, dass ich aufstehen solle. Ich stehe langsam auf. Ich sehe, dass mich von allen Seiten Häftlinge anschauen, polnische Arbeiter, aber auch deutsche Meister. Ich stehe etwas unsicher. Peter hält meine linke Hand und notiert sich die tätowierte Nummer in sein Notizbuch ... Es wird also eine „Meldunk" daraus, nach Auschwitz ...

Es gab an dem Tag eine Abfolge dreier Katastrophen. Der kleine Korn schrieb mittels einer hier arbeitenden Polin nach Ostrau eine Bitte um Lebensmittel, hauptsächlich für den Jungen. Er wurde beim Schreiben geschnappt und die Polin sofort ins KZ nach Auschwitz geschickt. Die dritte war der Fall Nácek Fišer [Fischer]. Der wurde geschnappt, als er in der Arbeitszeit rauchte. Mit welchen Folgen, weiß ich heute nicht mehr.

Meine Meldung ging damals tatsächlich nach Birkenau, und zwar zum einen wegen der Sabotage gegen das Deutsche Reich, da ich in der Arbeitszeit las und somit das Kriegspotential des Reichs beschädigt habe; zum zweiten durfte ich als Häftling keine deutsche Zeitung lesen; zum dritten war ich im Kontakt mit der Außenwelt und verriet auf diese Weise wahrscheinlich dem Feind den hiesigen Arbeitsprozess und betrieb auch sonst Industriespionage ... Also mehr als genug Delikte! Und ich wunderte mich, dass sie mich nicht weiter bestraft haben, ich durfte auch weiterhin in die Fabrik zur Arbeit gehen. Moll wollte mich wahrscheinlich bis zum Urteil in Unsicherheit belassen. Was daraus folgen würde, das habe ich geahnt.

Die Januarereignisse in Oberschlesien jedoch überholten den Vollzug des Urteils.

Etwa so machte das der Herr *Hauptscharführer*: Während der ganzen Woche häuften sich zahlreiche Delikte an, sowohl in der Fabrik als auch im Lager bei dem „Lagerkommando"; einige sammelten in der Fabrik Abfälle von den Sägen und stellten daraus kleine Messer her, die sie gegen Brot verkauften; andere wurden dabei ertappt, wie sie in der

Nachtschicht unter dem Wagen schliefen; die dritten wiederum waren, wie die Kapos festgestellt hatten, während einer Schicht zweimal auf dem Abort. Diese Meldungen gingen nach Rajsko [wahrscheinlich: Birkenau] und eine Woche später kam das Urteil. An freien Sonntagen (jeden zweiten Sonntag arbeitete man im Werk nicht) ließ Moll nach dem beendeten Steineschleppen das ganze Lager antreten, weil an diesem Tag beide Schichten „zu Hause" waren. Moll befahl sein schnelles und kanarienvogelartiges: „*Mützen auf!*", und schon zog er die Liste vor:

„111.391, B13.624, A7.846, B11.629" usw. usw. Etwa dreißig sind es, diese Wochendelinquenten. Sie müssen aus der gesamten angetretenen Belegschaft vortreten. Und Moll liest: „Der Häftling B11.582 hat am 3. Januar dieses Jahres im RAW ein Stück des Sägeblattes einer Handsäge gestohlen. Dadurch beschädigte er das Dritte Reich und seine Kapazität. Dann stellte er daraus ein kleines Messer her, wodurch er sich gegen die Lagervorschriften schuldig machte und darüber hinaus Besitzer einer verbotenen Waffe war. Er wird zur Bastonade von vierzig Schlägen verurteilt." Und so ging es weiter. Dann widmete er sich diesem Schuldigen folgendermaßen: Zuerst führte er mit ihnen nach dem Appell „Karnickelspiele" durch (die Jungs mussten hinter ihm hüpfen mit den Händen an den Ohren und so Kaninchen nachahmen, wobei Molls Schäferhund fröhlich in die Hinterteile der Verurteilten biss). Ferner musste man den „Berg hinunterrollen" und andere ausgeklügelte Übungen ausführen. Total erschöpft reihten sich diese Schuldigen wieder am Kopf der angetretenen Lagerbesatzung ein.

Und nun kam das Beste, Mittelalter im wahrsten Sinne des Wortes. Um Moll herum versammelte sich die ganze Bande von Blockführern, Vorarbeitern, Kapos und Dienern. Sie rufen einer über den anderen, lachend und lärmend: „B11.745!" Aus der grauen Menge der Gequälten tritt ein schmächtiger Junge vor, etwa 20-jährig; er fürchtet sich, man sieht es. Millmayer fasst ihn am Arm und dreht ihn mit dem Rücken zu uns. Der Oberkapo der Nachtschicht zieht ihm die Hose herunter, legt ihn über einen vorbereiteten Stuhl, mit dem linken schweren Schuh tritt er ihn noch und dann fängt er an, mit der rechten Hand, die er theatralisch jedes Mal hoch in die Luft hebt, mit einem schweren Ochsenziemer zu schlagen. Das Zeug wurde speziell zu diesem Zweck vom Riemer Weinberger hergestellt. Und schon pfeift es. Nach dem ersten Schlag gab der Junge keinen Laut von sich, nach dem zweiten auch nicht ... nur der Körper zuckt so seltsam. Der dritte, vierte Schlag, der nackte Hintern des Jungen ist rot, rot gestreift und aus der geplatzten Haut rinnt Blut zu Boden ... bei dem fünften Schlag fängt der Elende an vor Schmerz zu stöhnen, beim sechsten schreit er und dann brüllt und jault er nur noch ... Und schon jaulen mit ihm alle Hunde im Lager, Molls Schäferhund, die „*Hexe*" des Selektierers Rudolf und all die verdammten und abscheulichen Mischlinge all der Blockführer, die aber stets mit den schönsten Schleifen aufgeputzt waren; die Blockführer küssten und umarmten ihre Hunde wie Babys.

Ich weiß nicht, wie viele Schläge er bekam, aber er war bereits ohnmächtig. Willy hat jedoch die Zahl der Schläge eingehalten, er hörte auf Peters Zählen: insgesamt vierzig. Nur schlug er bereits auf den erkalteten Körper des kleinen ausgemergelten Jungen, der im Augenblick des Todes wahrscheinlich an seine Mutter dachte ...

Einer hielt durch, ein anderer nicht. Der eine jaulte und schrie, der andere biss die Zähne zusammen und lieber ließ er sich zu Tode foltern als zu mucksen.

So teilte man aus, an jedem zweiten Sonntagvormittag nach dem „Steinetragen". Wir hatten uns bereits daran gewöhnt. Die meisten, auch ich, schauten es sich nicht mehr an; ich konnte nicht einmal, da ich ohne Brille war. Und als die Hunde anfingen zu jaulen, versuchte ich schnell an etwas aus der Vergangenheit zu denken: Ich erinnerte mich zum Beispiel an einen Sonntagvormittag im Winterstadion, wie man bei Musik auf Schlittschuhen übers Eis glitt ... schön rundherum ... Auch hier ging es rundherum und auch bei Musik, denn es erklang dieser verdammte Preußische Marsch und danach der „Auschwitzer".

Als man diese Sonntagsveranstaltung auflöste, geschah es, dass Moll weiterhin im Lager herumspazierte. Also gehst du auf die Latrine und begegnest ihm. „Renn, Jude, renn", ruft er, und zückt die Pistole, „ich kann hervorragend schießen!" Und schon schießt er in die Luft und du rennst, und der Hund hinter dir her. Ich stürzte damals an dem Vormittag nur so in die Latrine und im Schwung streckte ich einen Kameraden, der auf dem „Steg" saß, in die stinkenden Exkremente nieder. Wir zogen ihn dann heraus, er schimpfte wie ein Rohrspatz. Ich musste ihm meine Lumpen geben.

Es kamen französische Partisanen zu uns, etwa fünfzig waren es, aber lange blieben sie nicht. Sie erzählten uns von dem Aufstand auf französischem Gebiet. Etwa zehn von ihnen erschlug man hier mit dem „Eisenbesen", der Rest wanderte nach einer Woche nach Javořno, in ein berüchtigtes KZ ganz in der Nähe. Sie waren hier nicht willkommen, denn sie rauften sich zu heftig um die leeren Kessel, um aus ihnen den letzten Rest Suppe herauszukratzen.

Anfang Januar erschlug unser „Blokouš" einen kleinen Rabbiner. Ein kleines verkümmertes Männlein war er, so um die vierzig, hatte früher als Landrabbiner irgendwo bei Mukačevo gewirkt. „Blokouš" ertappte ihn eines Morgens beim Beten. Und da war er nicht mehr zu halten. „Der hilft dir nicht", rief er und schlug ihn nieder und stampfte mit den Füßen auf ihm herum. Ich weiß nicht, wieso ihm dieser gutmütige kleine Mensch unglücklicherweise immer wieder in die Quere kam; der Blockführer lief jedes Mal rot an und schon packte er ihn. So quälte er ihn tagtäglich, wälzte ihn über den Boden, spuckte ihn an, ertrug ihn nicht und wollte es nicht, da es sich um einen Mann Gottes handelte. Ich weiß nicht, wieso er so tobte; er wurde schier irrsinnig, wie in Trance, bis er ihn eines Abends endgültig erledigte und vor die Baracke warf. In der Frühe fanden wir den Rabbi dort erfroren.

Sonst verliefen die Märsche in und aus der Fabrik relativ ruhig. Die SS-Männer schrien zwar ständig beim Eskortieren und ließen uns mit den Gewehrkolben „die Moral" schmecken, aber es ging doch immer noch relativ gut; und besonders dann, wenn wir um fünf in der Frühe zurückgingen: Da kümmerten sie sich nicht sonderlich um uns, hatten die Kragen hochgezogen über die Ohren, die Hände in den Taschen und hinkten so mit uns durch den hohen Schnee. Nur einmal blieb der Zug stehen. Es fielen Schüsse. Einer von uns, der noch in der Fabrik zu spät zum Appell kam, wurde auf der Straße erschossen. Wieder jemand *„auf der Flucht erschossen!"*. Es stimmte keineswegs, er beabsichtigte nicht zu fliehen, war bloß übermüdet von den Schlägen, als er sich verspätete. Wir hoben ihn wieder auf die Schulter und brachten ihn am Kopf des Zuges nach Hause. Dort wurde er, wie üblich, drei Tage zur Schau gestellt. Und dazu spielte die Musik.

Ein Extra-Kapitel war das Klosett in dem verdammten Werk: Es war wärmer dort als in den Werkhallen, und so ist man gerne dahin gepilgert, um wenigstens drei Minuten Ruhepause zu haben. Auch wenn du nicht musstest, hast du dich hingesetzt, Hose runter natürlich, denn der Scheißmeister kontrollierte dich und titulierte dich mit „Schwein" und „Ochse". Wir kannten ihn und nahmen ihn nicht ernst. Aber weh, wenn der Oberkapo Peter einen Besuch abstattete. Er hatte „sein" Klosett abgeschlossen und der Scheißmeister musste es jedes Mal öffnen. Peters Klosett-Hobby war es, den Schlauch, mit dem man die Fliesen an der Wand des Pissoirs reinigte, zu packen und in hohem Bogen auf die Häftlinge zu spritzen. Im Nu warst du total durchnässt, als wärest du in die Badewanne gefallen; man versuchte zu entfliehen, in die Hallen. Dort froren die Lumpen an deinen Körper fest und du bist getappt wie ein Bär.

Die Unverbesserlichen wurden markiert: ein weißer Kreis und innen eine rote Scheibe. Dies trugen sie am Herzen und auf dem Rücken. Kam ein so Markierter in die Nähe eines SS-Mannes, schon hatte er sie: eine Kugel im Fleisch. Die SS reizte es. Sie nannten es „Zielscheibe“, und der deutsche Soldat ist angeblich ein guter Schütze.

***

In diesem Januar 1945 war uns so manches auffällig. Diverse Anzeichen ließen uns nachdenken: Man munkelte hin und wieder, dass die russische Armee sich Oberschlesien näherte. Wenn sie uns bloß befreien würden, oh Gott! Eines Tages kontrollierte ein unbekannter „Obersturma“ die Tätowierungen; diejenigen, deren Nummern etwas verblichen waren, mussten erneut tätowiert werden. Hatten sie etwa Angst, dass wir abhauen könnten?

Aber auch im Werk geschah so manches: Man baute dort Werkwaggons, und man sollte weitermachen, auch wenn das RAW evakuiert werden würde. Am Donnerstag, dem 18. Januar 1945, arbeiteten wir mit Bubik und Dave in einem offenen, halblangen Wagen, so einem, mit dem man bei der Bahn Baumstämme befördert. Wir waren nicht sonderlich motiviert und drückten uns nach allen Regeln der Kunst vor der Arbeit. Und siehe da! Heute ging es wunderbar! Nicht einmal unser Meister zeigte Interesse, an den Wagen kam er kein einziges Mal; und in den Hallen war es irgendwie seltsam lebhaft. Hie und da fingen deutsche Meister und Arbeiter an, wertvolle Maschinen zu demontieren und binnen zwei Stunden wuchs die Spannung mehr und mehr. Plötzlich, gegen elf Uhr vormittags, Gong und Befehl: Alles liegenlassen und zum Appell auf die Bühne I, nicht einmal das Werkzeug mussten wir abgeben (doch wie uns der alte

Obermeister von der Meisterei 29 wegen des Werkzeugs jagte und wie er uns beschimpfte und beschuldigte, dass wir das Werkzeug stehlen würden und gegen Brot tauschten!). Heute ist das alles unwichtig, nur schnell, schnell zum Appell! Und so rennen wir um die Wette. Alle stehen bereits da, kein Einziger fehlt, nicht einmal von dem Abort sind irgendwelche Verspäteten gemeldet.

Und schon übernimmt uns der „Blokfíra", alle sind irgendwie nervös, sogar die übrige Besatzung verlässt das Werk. Polen, Deutsche, Hitlerjugend, alles rennt hastig aus der Fabrik, wohin? Sie jagen uns ins Lager, wo man sofort „Blocksperre" ausruft. Auf dem Block fassen wir Brot und Margarine und dann geht alles unvorstellbar hastig vor sich. In den Lagerräumen liegen Kartoffeln herum! Welch ein Schatz noch vor kurzem! Jeder bedient sich und isst sie fröhlich, auch wenn sie roh sind. *Blocksperre* hält niemand mehr ein, wo man nur kann, stiehlt man etwas, eine Bluse als Unterwäsche, damit man nicht so frieren muss, ein Stück Brot. Leute, Leute, was geht hier vor? Alles gegen die Regeln! Was man bisher täglich und nächtlich bis auf den Punkt einhielt, heute passt niemand auf. Die Blockführer packen, Kapos ziehen auch um, mit dem ganzen gestohlenen Inventar, und wir werden das alles schleppen müssen. Wir ziehen nämlich um, wohin, das wissen wir nicht. Und Moll ist nicht hier! Er wechselte ins Lager Javořno, wir haben einen neuen Lagerkommandanten, einen jungen Grünschnabel, Obersturmführer, der nicht sprechen kann, ohne zu stottern.

Bei uns auf dem Block XII herrscht große Erregung: Der „Blokouš" quasselt etwas von Brüderlichkeit und Kameradschaft (plötzlich!), und dass er angeblich nicht weiß, wohin wir gehen. Er aber bleibe bei uns und in unserer Mitte, egal, was geschehen mag. Er gehört angeblich zu uns, als Kamerad zu Kameraden! Diese Kreatur! Er war der Erste, der mit seinem gestohlenen Besitz, den er von unseren Jungs hat auf einem Schlitten ziehen lassen, verschwand. Wir hörten, Gott sei Dank, nie wieder von ihm. Noch am Abend davor ließ er auf den Block Häftlingsmusik und Sänger kommen; die Prominenz tanzte und sang und wir lagen alle rundherum auf den Pritschen, ohne uns vorher auszuziehen. Etwa um drei Uhr in der Früh jagten sie uns heraus in Kälte und Schnee vor die Blöcke, wo man zählte und zählte, wo sie uns schlugen und hetzten.

Wir sind in Lumpen gehüllt, die Decken über den Kopf gezogen. Es friert, die Sonne geht blutig auf, dort, hinter dem Stacheldraht.

Es kann etwa fünf Uhr sein. Noch stehen wir. An unseren Reihen laufen Kapos, SS-Männer, Blockführer vorbei. Es wird eine seltsame Wanderung werden. So irgendwie sah auch die Armee Napoleons aus, als sie die Flucht aus Russland ergreifen musste. Auch die SS hat volles Gepäck, sie wartet nur auf den Aufbruch. Noch immer können sie sich dort vorne nicht einigen. Heute wird wohl am Ausgang kein Orchester spielen und niemand wird schreien: *„Kopf hoch, Vordermann, Seitenrichtung!“* Heute wird es etwas anders organisiert sein. Hinter uns tritt das HKB an, du erkennst sie an den um Körper, Füße und Köpfe gewundenen Fetzen; es sind Schwerkranke, die gerade eben erst von der Pritsche aufstehen mussten. Wie lange halten die den Marsch durch? Ein paar Stunden maximal, dann fallen sie um. Und man sagt, dass wir vierzehn Tage unterwegs sein werden. Hinten, bei den HKBlern, fallen Schüsse, sie schießen auf die, die sich nicht auf den Füßen halten können, angeblich sind es an die fünfzig solcher Fälle ... und es fielen auch gerade so viele Schüsse.

Bleibt mit Gott, Kameraden, ihr, die dort bleiben, František Šik [Schick], Najman [Neumann], Pavel Nedošínský ... ihr alle, die ihr noch in den letzten Tagen der Naziherrschaft in Oberschlesien durch eine unvorstellbare Bestialität der SS-Horden ermordet wurdet.

Und so wurden auch sie in diesem HKB gezählt, und immer noch stimmte es nicht. Wir frieren, stapfen im Schnee, husten und atmen schwer. Man darf nicht mehr aus der Reihe austreten, musst du klein oder groß, alles wird in der Menge erledigt. Und so stehen wir hier in unbeschreiblichem Saustall und Gestank.

Ich stehe etwa vor dem Rasierraum, der heute offen steht. Innen ist niemand. Aber da sehe ich, dass ein junger SS-Mann, der erst vor kurzem als Blockführer zu uns gestoßen ist und sich in einigen wenigen Tagen durch eine unbeschreibliche Brutalität ausgezeichnet hat, wie dieser Kerl in den Rasierraum geht und dort etwas untersucht. Er deckt ein großes Stück Papier auf, und siehe da, unter dem Papier liegen etwa fünfzehn Leichen, die nackten Körper der zu Tode gefolterten Jungs ...

Und nun wirft er die Körper mit einer Schaufel auf den Boden, ohne Formalitäten, ohne Achtung vor den Toten. Es klatscht, wie die Körper auf den Beton fallen, er tritt sie mit den Füßen und zählt ... eins, zwei, drei ... bis er fünfzehn erreicht. Er spuckt aus, stößt die Tür auf und ruft nach vorne: „Da drinnen, da liegen noch die fünfzehn krepierten Schweine! Jetzt stimmt's!"

Ja, es stimmt jetzt. Der Gespensterzug setzt sich in Bewegung, marschiert ins Unbekannte. Wir sind unrasiert, abgemagert, grau im Gesicht und an den Händen, voller Ausschläge und Flecken am Körper und im Gesicht, ich habe Geschwüre auf dem Kopf und um den Mund. Erst jetzt, am Tageslicht, sieht man das alles mit Schrecken, dort drin, im Werk, im Dampf und Rauch, in dem Staub, Qualm und Feuer, dort sah man das nicht so klar. Und am Tag sahen wir uns nicht, denn sie haben uns in der Dunkelheit in die Fabrik gejagt, in der Dunkelheit haben wir die Fabrik verlassen, und wenn wir eine Nachtschicht hatten, trat man wieder in der Abenddämmerung an und gegen Morgen ging man „heim". Heute aber, an einem so schönen Wintertag, heute sieht man es gut, dieses Grauen. Wie sehen wir aus? Was haben diese blutigen Metzger aus uns gemacht?

Sie führen uns. Die Assistenz der SS-Männer ist heute stärker, sie haben zu unserer Bewachung ältere Kerle hinzugenommen, irgendwelche SS-Reservisten. Sie sind relativ in Ordnung, schimpfen nicht, kümmern sich um uns nicht, sie haben mit sich selbst zu tun und wissen nicht, wohin man geht und wie lange dieser Zirkus dauern wird. Doch es hängt etwas in der Luft, etwas Unbeschreibliches, ist etwa das Kriegsende nah? Sie führen uns heute auf einen anderen Weg, nicht, wie wir üblicherweise ins Werk gejagt wurden, sie führen uns durch die Arbeiterviertel. Überall stehen Bewohner draußen und schauen sich den Zug der Nachtgespenster und Monster an. Ja, nun seht ihr uns, ihr Anhänger jenes wahnsinnigen Regimes, das habt ihr aus Menschen gemacht. Na, wundert euch nicht so sehr, auch ihr werdet einmal so aussehen, wenn das Kriegsglück auf unserer Seite stehen wird, und ihr werdet in den Kerkern und KZ stöhnen ... Aber nein, ich denke, nein ... niemand kann so bestialisch sein wie dieses Regime, das sich überall durch ein derart blutiges Werk ausgezeichnet hat, ein fürchterliches Werk des Verderbens und der Schmach, ein Regime, das Millionen und Abermillionen quälen konnte ... Niemand kann diese deutschen Nazi-Mörder auch nur ansatzweise nachahmen, keiner in der ganzen weiten Welt ...

Die Bewohner stehen vor den Häusern und überlegen, was wird, was bahnt sich an? Warum jagen sie die elenden Gestalten durch die verschneite Gegend? Ach so, das sind die gefangenen Russen ... nein, nein, ihr Lieben, das sind Franzosen, oder vielleicht sind es Mörder aus den Zuchthäusern, von denen jeder so und so viele ruhige, brave Bürger ermordet hat.

Dennoch: Heute lacht uns keiner aus, nicht einmal die Kinder auf der Straße. Heute verstummen auch die Befürworter dieses Regimes und die Anhänger „unseres“ Führers, dessen Schritte die Vorsehung lenkte. Heute verstummt irgendwie alles. Wir erreichen die Straße. Nirgends arbeitet man, überall sichert der Volkssturm die Straßen und Positionen, Fabriken, Schächte, Elektrowerke und Gaswerke. Jedoch, das Militär ist nicht zu sehen. Deutsche Frauen reichen den SS-Männern Zigaretten, nicht etwa aus Begeisterung, nein: Sie fragen, wohin wir geführt werden und ... ja, ich habe es gehört, eine der germanischen Dickbäuchigen mit einer Gretchenfrisur fragt, ganz nah bei mir: „Wo sind die Russen schon?" Der SS-Mann weiß nichts, schüttelt nur den Kopf ... So also stehen die Aktien!

Die Russen nähern sich Gleiwitz und deshalb müssen wir weg. Wir ziehen durch die Stadt Gleiwitz. Hier ist es lebhaft, überall eilt man, sogar Evakuierte treffen wir. In den Gesichtern sieht man Angst, Unsicherheit ... nur die *Hitlerjugend*, die ist noch wacker ... diese Grünschnäbel, die so exzellent quälen, foltern, auslachen können, die wollen den Russen vermutlich einen Denkzettel verpassen!

Wir passieren Gleiwitz. Vor mir, neben mir und auch hinter mir fällt man bereits, entkräftet, vor Hunger, Krankheit ... Bring dich um! Und schon hören die Quälerei und die Schmerzen auf. So erledigt man die Dinge, unterwegs ins Unbekannte. Die Kameraden leiden unter Durchfall, sie laufen aus der Reihe und setzen sich hinter die Bäume an der Straße, auch vor den Vorbeigehenden, ohne Scham. Und schließlich, warum sollten wir uns schämen? Ihr sollt euch schämen! Ihr Nazis und Deutsche überhaupt, für all das hier, was vor euren Augen geschieht, nur ihr und nur ihr seid für all das verantwortlich, ihr seid die Initiatoren all dieser Schändlichkeit!

Und wie dort der Elende an dem Baum hockte, nach vorne gebeugt, wurde er von hinten niedergeschossen ... kippte in den Straßengraben und rührte sich nicht mehr.

Alle Straßen waren gesäumt von Leichen, während des gesamten Marsches ließen wir blutige Spuren zurück. Wohin kamen wohl dann die Jungen? Wo wurden sie gebettet? Irgendwo wurden sie in eine Grube geworfen. Und ich wundere mich dann dieser Tage, dass so viele Frauen noch auf ihre Männer warten ...

So jagten sie uns den ganzen Tag bis Mitternacht durch Wald und Schnee, ohne Pause. In der Gegenrichtung wird bereits die Evakuierung des deutschen Heeres durchgeführt: Unendliche Kolonnen von Wagen, Pferden, Mannschaft, alles hetzt zurück ins Heimatland. Und wir? Wir gehen in die Gegenrichtung, auf die Front zu. Warum zur Front?

Es war in der ersten Nacht, bereits etwa drei Uhr morgens, als wir in der Ferne im Wald Lichter sahen. Dort befand sich wahrscheinlich ein Lager, wo sie uns angeblich über Nacht unterbringen wollten. Reigersfelde oder Jakobswalde hieß es. Wir erreichten es nach fürchterlichen Qualen. Ich dachte, dass ich umfalle ... unterwegs wurden wir abgeschossen wie die Karnickel.

Neben mir schleppt ein junger Mann seinen Vater auf dem Rücken! Er bringt ihn bis ins Lager, legt ihn dort ab, und der Vater – ist tot. Wir liegen dort in einem großen dreckigen Raum, die Toten und die Lebenden beisammen; so, wie wir ankommen, schmeißen wir uns auf den Boden. Ich schlief damals in der Luft, auf einem kleinen Brett unter dem Fenster, an dem man früher, in diesem Speiseraum für polnische Arbeiter, das Essen ausgab.

Und in der Früh geht es weiter. Sie jagen uns den ganzen Tag durch Wälder und Schnee, wieder fällt um mich herum jemand; und jedes Mal tritt ein SS-Mann dazu, legt dem Liegenden das Gewehr an den Kopf, drückt ab und die Sache ist vollbracht.

Am schlimmsten war es in der letzten Nacht. Man ging, man stand, wieder zehn Schritte vorwärts und wieder stand man. Jetzt fuhren auch Wagen in die Richtung, in die wir gingen. Wir bogen nämlich plötzlich nach rechts ab. Kapos riefen, dass wir zurück nach Gleiwitz ins Werk gingen, dass man wieder arbeiten werde. In Blechhammer steht er vorbereitet für uns, ein Sonderzug des RAW, der uns „nach Hause“

bringen soll. Einige freuen sich, dass wir wieder „nach Hause“ können (wie schnell gewöhnt sich der Mensch – auch an den Galgen!), andere jammern, wieder andere schauen apathisch in den Schnee. Sie fühlen ihr eigenes Ende nah. Auch ich dachte damals, dass ich nicht mehr kann.

Neben mir schleppen sie den Vilinger [Willinger], „Sájem“ [wahrscheinlich: „Zájem“, tschechisch „das Interesse“, wegen der falschen Aussprache] wurde er in Theresienstadt genannt. Er war ein guter Junge und ein lustiger Kumpel, der Vorsitzende des Fußballklubs der Theresienstädter Metzger.

Von einer Seite hält ihn Eda Krása, wer von der anderen, weiß ich nicht mehr. Ich höre nur, wie Eda ruft: „Junge! Das machst du nicht! Halt aus, wir sind bereits da!“ Aber nein, es geht nicht mehr. Eda selbst hat beide Beine voller Phlegmone, zieht den Villinger so bereits seit Stunden. Nun ist auch er am Ende. Er watet weiter durch den Schnee, aber der Kamerad bleibt liegen ... Und ein Schuss! ... Gott sei mit dir! Adieu, Junge, adieu!

In der Nacht wurden wir hinter Stacheldrähte getrieben, hinter Mauern, wie in Auschwitz. Ich dachte zuerst, dass wir in Auschwitz gelandet seien, doch keineswegs, es war Blechhammer, ein KZ, in dem bereits fünftausend Häftlinge waren und wo in der Umgebung ein Lager neben dem anderen war, französisch, polnisch ... Es arbeiteten dort 50 000 Zivilarbeiter, Zivilkräfte aus ganz Europa. Synthetisches Benzin stellte man hier her und Margarine aus Steinkohle. Die KZ-Häftlinge wurden hauptsächlich zur Beseitigung von nicht explodierter Munition nach den Luftangriffen eingesetzt. Dafür erhielten sie eine doppelte Suppenportion ...

***

Es ist Morgen. Sie verjagen uns aus den Baracken, das ganze Lager wird liquidiert. Und wieder werden wir durch Schnee und Dunkelheit gehen, durch Wald und Felder, sie werden uns ans Ende der Welt treiben und so lange, bis keiner von uns am Leben ist ... das ist der wahre Zweck dieser Evakuierung.

Draußen rauft man schon, um herauszukommen. Man stiehlt und „organisiert“, die Häftlinge dringen in die SS-Baracken ein, plündern, finden Decken und Essen, Nützliches und Unnützes, es wird geschossen, Chaos bricht aus. Ich erblickte unseren „Lagerfíra“ und den Lagerältesten. Der ruft als erster die Blockführer und Kapos, sie sollen etwa fünfhundert Leute auswählen: *„Die anderen fertig machen!“* So ist das hier also, den Rest abmurksen! Also dränge auch ich mich vor, eine Drängelei wie im Irrenhaus beim Feuerausbruch.

Man hat mich an die Wand gepresst, schon denke ich, dass ich erdrückt werde, aber da gelingt es mir, mich zu drehen, und ich bin gerettet. Sie hätten mich erdrückt. Alles drückt sich zum Ausgang, wo die Schergen stehen und über die Köpfe mit Schläuchen schlagen. Ein unbeschreibliches Durcheinander herrscht hier, unsere Leute vermischen sich mit den Insassen von Blechhammer, man weiß nicht, wohin. Das riesige Tor wird geschlossen und wir sind in der Falle. Die SS-Männer haben bereits ihre Position auf den Türmen eingenommen und schon schießen sie wild auf uns ein. Wir laufen schnell auseinander in die Blöcke. In einer Gruppe erreichen wir Block V. Wir warten ab.

Draußen wird es irgendwann still. Wir wissen nicht, ob die SS-Leute noch da sind oder nicht. Jemand betritt den Block. Wir liegen auf den Pritschen und essen die geraubten Lebensmittel. „Die SS-Männer sind weg, hurraaaa!“ Ich gehe mit Ota und Bubi durch das Lager, überall kocht man, die Kartoffellager werden geplündert, die Laune ist etwas besser ... doch die Unsicherheit, die Unsicherheit! Wir kriechen durch den Schnee und an den Drähten vorbei zum Ausgang. Das riesige Tor ist bereits offen, keine Wachen. Wir gehen weiter, auf einem weiten flachen Feld. Wir begegnen anderen Häftlingen, sie laufen hin und her und suchen nach Essen und Kleidern, Zivilkleidern, in denen sie abhauen könnten. Auch ich gehe durch das Tor hinaus, die Riegel sind kaputt. Wir kommen auf die Hauptstraße, gehen durch den Wald, waten durch den hohen Schnee ... Huiiiii ... Auf den Boden! ... Granaten, die Front naht ... Knall! ... neben uns knallt es auf den Boden, Schnee und Erde fliegen in die Luft ... Hinter dem Wald stoßen wir bereits auf Zivilarbeiter, auf Polen, Franzosen und Italiener. Huiiii, so pfeift es und uns an den Ohren vorbei. Wir erreichen ein großes polnisches Lager, wo wir rasiert werden und Kleider bekommen. Ich bekomme einen kurzen polnischen Pelzmantel, zwar verschlissen, jedoch den verdammten „*Häftling*" kann ich wegwerfen. Wir sehen überall hier die gestreiften Kleider liegen, im Wald, auf der Straße. Jeder will sie loswerden. Und so fragen wir überall und jeden, wo die Front ist, wo die Russen sind. Wir bekommen auch Brot, kehren zurück. Da erscheint eine deutsche Streife in Weiß. Sie zielt auf uns, denken, dass wir Partisanen seien. „Ota, ist das nicht die SS? Wenn sie uns fangen, sehen sie die Tätowierung am Arm!" Sie verschwinden. Wir kommen wieder ins Lager. Überall werden wir willkommen geheißen: „Na, Jungs, wart ihr da draußen? Wie sieht es dort aus, wo ist die Front, wo sind die Russen, und ist die SS noch da draußen?"

Es war ein höchst sonderbares Gefühl, als ich zum ersten Mal wieder in der Freiheit war, im Wald ... allein ... vor mir ein Pfad im Schnee, in die Welt führend ... zur Menschheit ... Doch ich wusste nicht, was ich tun sollte! Ich kehrte in das KZ zurück in der Annahme, dass dort die Gefahr bereits vorbei sei.

Aber sie war nicht vorbei! Noch an dem Tag, als die Front mit Riesenschritten näherrückte und die russische und die deutsche Artillerie uns Grüße nach Blechhammer schickten, als die Baracken bereits brannten und vor den Blocks die ersten Opfer im Schnee und in den Exkrementen lagen, als die Aborte, Wasser, Licht nicht mehr funktionierten ... da plötzlich kam die SS zurück auf die Wachtürme und wollte ihr Werk beenden. Von allen Türmen schossen sie mit Maschinengewehren und Granaten, den ganzen Abend und die ganze Nacht. Es war so heiß im Block, dass wir hinausmussten, vor den Block ... und da waren so viele Tote, dass man sie nicht mehr beerdigen konnte. So stolperten wir über ihre Körper. Und trotz alledem ging man hinaus, zu den SS-Baracken, um zu plündern: Konserven und Zucker, Mehl und Kartoffeln, Brot und Marmelade. Man kochte in brennenden Baracken, und saß – auf Leichen. Es war dort bereits wie auf einer Leprainsel, alles unrasiert, überall stritt man um ein Stück Holz oder geschmolzenen Schnee statt Wasser, um ein Gefäß oder eine verlauste Mütze. Wir waren damals tatsächlich nur noch Tiere. Buchstäblich!

Nun stürzte ein riesiger SS-Mann herein. Mit einem Revolver in der Rechten. Und befahl, noch in dieser Situation zum Appell anzutreten. Ein Wahnsinniger! Wir hatten aber keine Waffen und deshalb krochen wir hinaus. Doch irgendwie funktionierte es nicht, und auch er, wie man sehen konnte, war sich nicht sicher und verschwand. Das Feuer nahm zu. Neben uns eine Explosion nach der anderen. Vielleicht wollten sie das synthetische Benzin in die Luft jagen ... schon waren wir im „Niemandsland". So verging die Nacht unter schärfster Kanonade. In der Früh entfesselte sich über unseren Köpfen eine Luftschlacht ungeahnten Ausmaßes. Das war für uns die Rettung.

Hinter uns fielen Granaten. Einige Jungs stehen verblüfft auf. In wenigen Minuten kommen die Treffer noch näher. Ota wirft den Zigarettenstummel weg, spuckt aus und sagt: „Jetzt sind wir dran!"

Und schon ist es da. Wir kriechen auf dem Boden, schnell durch Schlamm, Exkremente und Kartoffelschalen ... Der nächste Treffer fällt bereits in unsere Mitte. Einige schreien. In der Luft bilden sich kleine Rauchballons. Die Erde fliegt durch die Luft, Splitter summen an den Ohren entlang, wir hören sie noch auf die Erde fallen, wenn die Detonation bereits verstummt ist. Wieder donnert es irgendwo, wir hören Geschrei zwischen den Treffern. Die Schlacht kommt langsam zur Ruhe, aber das Geschrei hört nicht auf. „Was ist los, Kodl?“, frage ich Suchařípa, der gerade an Bratkartoffeln denkt. „Es ist wohl in der Baracke nebenan jemand plattgedrückt worden!“ Das Geschrei dauert an. Es sind Verletzte, sie jammern elendiglich. Es ist die Klage der Welt, es ist ein furchtbarer Schmerz der gesamten Menschheit; wir haben uns in diesen Tagen an so manches gewöhnt, aber das ist schlimm. Es müssen mindestens hundert Menschen halbtot geschlagen worden sein! Wir schwitzen. Ich möchte von hier abhauen, nur damit ich dieses Geschrei nicht mehr höre. Verletzte, die in der Nähe liegen, ziehen wir in die Blöcke, einige müssen aber lange liegen und wir hören sie sterben. Hier stirbt das Gewissen der Menschheit, in dieser Kloake, im Blechhammerer Zuchthaus.

Sechs Stunden lang haben wir geschuftet in der Nacht, doch wir haben uns durchgegraben. Wir gruben einen Graben und gelangten in den Wald, in den Schnee, wo wir uns verschanzt haben. Wie viele uns folgten, wie viele uns nachgekrochen sind, weiß ich nicht. Die ersten Panzerspitzen der Rotarmisten nahmen uns freudig an und setzten uns auf die Panzer. So kamen wir nach Ehrenforst, wo nun wir die Herren waren. „Freiheit, Freiheit!“, grölt mir ständig jemand in die Ohren. Ich dachte, als ich den ersten russischen Soldaten sah, dass ich vor ihm auf den Boden falle und seine Füße küsse. Es war jedoch nicht nötig, denn er bot mir eine Zigarette an, lächelte und fragte, ob ich etwas brauche. Er schüttelte meine Hand und weg war er ... ich war frei!

***

Wie unsere Peiniger mit den Kameraden in anderen Abschnitten der Evakuierungslinie umgingen, das erfuhr ich später in Užhorod. Als die russische Armee sich Oświęcim näherte, waren dort noch 20 000 Häftlinge.

SS-Männer brachten sie in die Wälder und innerhalb von 24 Stunden erschossen sie sie. 250 bis 300 blieben am Leben. Moll organisierte die Evakuierung von Javořno mit einer Belegung von etwa 11 000 Mann, am Leben blieben etwa 400. Im Wald haben sie sie umgebracht. Wer floh, rettete sich.

Sie haben die Häftlinge auch auf offenen Kohlewaggons evakuiert, über Ostrava [Ostrau] und Olomouc [Olmütz]; die Erfrorenen warfen sie unterwegs aus dem Waggon. Auf Menschen, die den Elenden Brot zuwarfen, wurde geschossen. Die Häftlinge waren barfuß, bei 25 Grad unter null …

Und so habe ich wie durch ein Wunder den fürchterlichen Sturm der Naziraserei überlebt, das Regime der Sklavenhalter, der blutrünstigen Henker. Nur der nagende Schmerz über das Verschwinden all der guten Freunde, die zu Tode gequält wurden, die unter der fürchterlichen Misshandlung des Körpers und der Seele litten, der blieb! Wer wird dafür zahlen? Für Hitler, Himmler, Moll, Dr. Mengele, den schielenden Rudolf und den Oberkapo Peter Millmayer? Wer, frage ich, wer?

Auf der Latrine, als wir einmal so nebeneinandersaßen, „predigte" Olda Kopecký: „Die Verantwortung trägt die gesamte Nation und die ganze Nation muss für die Verbrechen, die begangen worden sind, büßen!" Vielleicht hatte er Recht, der selige Olda. Auch er wurde zu Tode gequält und zum Schweigen gebracht, dieser Apostel der Schönheit und der Wahrheit. Er war ein junger Lehrer an einer gutbürgerlichen Schule irgendwo am Rand von Prag. Er wird nicht mehr unterrichten, nicht sein „Achtung, Jungs! Heute wieder etwas über die Dekadenz" predigen. Sie erschlugen auch ihn, verbrannten ihn, und seine Asche warfen sie in den Fluss. Nicht einmal eine Urne wurde verschickt.[26] Es wäre aber ohnehin sinnlos gewesen, denn das war nie die Asche der Verstorbenen. So, wie man sie in den Öfen von Auschwitz verbrannte, zu Tausenden, so nahm man ein wenig von dieser Asche und schickte sie an Verwandte. Auch daran verdiente man!

***

Es ist acht Uhr abends, es ist kühl, ich sitze allein in einer kleinen Pension in Budapest in der Árpád-Straße. Den ganzen Tag regnete es, der Asphalt, unten, ist noch nass. Hier oben, gegenüber, wohnen russische Seeleute und ihr Radio spielt fröhlich. Es ist eine Mischung aus Musik, Nachrichten und Gesang. Ich bin allein. In der Ferne läuten die Glocken, ja, es ist gerade acht Uhr abends, es sind die Glocken einer Kirche irgendwo auf der Váci-Straße oder auf der anderen Seite, in Buda, welche zerschossen zu mir nach Pest schaut. Zu der Stunde läuteten die Glocken auch bei uns zu Hause, bei „Jakob“[27], wenn ich vom Schwimmbad, von der Humánka, zurückkehrte.

Und so sitze ich hier mit meinem Leben und bin ratlos, was ich mit ihm anfangen soll. Ich bin durch Feuer und Hölle gegangen, um ich mich auf das andere Ufer zu retten. Ich versank in Schlamm, Schmutz und Sumpf, watete durch den widerlichsten Dreck, durch Exkremente, um das Festland zu erreichen. Aber, ich spüre es, meine Seele ist tot, vollständig tot, und niemand wird sie je wieder auferwecken können. Wie ging es Dante, als er sein „Inferno“ schrieb? Ich denke, dass er besser dran war als ich. Er konnte noch so manches verewigen. Ich habe es bloß versucht. Ob mir dieser Versuch gelungen ist, kann ich selbst nicht beurteilen, aber ich denke, dass es mir nicht möglich ist, denn mein eigenes Ich ist gestorben. Ein solcher Autor kann der Menschheit nichts geben.

Und so sitze ich hier, atme zwar, rettete mich, aber zu welchem Zweck, zu welchem Ziel hat mich das Schicksal zu euch, Brüder, zurückgebracht? Kann ich der Welt und der Menschheit noch nützlich sein?

Mein Leben? Was soll ich heute mit ihm anfangen? Soll ich etwa wieder in die Schule gehen und dort für ein paar Hunderter unterrichten? Soll ich mich wieder in euren Reihen eingliedern? Soll ich mit dem neuen Leben eines kleinen Bürgers, mit Frau und Kindern, alltäglichen Sorgen, freitäglichem Familienbad und dem Sonntagsausflug nach Braník …? Das wäre, denke ich, bloße Tarnung! Ich habe nicht einmal darauf einen Anspruch! Mein Leben ist verspielt … und manchmal schäme ich mich! Ja, ich schäme mich, dass ich blieb, und manche viel Wertvollere gegangen sind.

Und so bleibe ich lieber hier hocken, in diesem übelriechenden Loch der Familienpension, in der fünften Etage über der zerschossenen Stadt. Ich bleibe hier, und zwar so lange, bis mich die Wirtin wegen Nichtzahlung rauswirft. Ich habe weder Kraft noch Mut, um noch einmal anzufangen, ich kann nicht mehr! Die schönste Saite dieses Gottesinstruments, das wir Mensch nennen, jene Saite, die einen prächtigen Ton besaß, die riss in mir, und niemand kann sie je reparieren. Außerdem müsstet ihr mich öffnen und das Innere reparieren … Das geht so nicht. Die Natur selbst will es nicht, sie braucht nur Menschen, deren Saiten schön tönen, ohne Reparatur. Mich habt ihr brechen lassen, zum Zerreißen und Wegwerfen. Nun lebe ich am Rand, bin wie ausgestoßen; ich atme zwar noch, aber seelisch bin ich tot, zu Tode gemartert, mundtot gemacht … Und so gerne würde ich noch reden, würde über all das, was ich gesehen habe, nicht nur über das Schlimme, sondern über das wunderbar Menschliche berichten. Ich möchte jene menschliche Seele schildern, die in dieser Umgebung dem anderen, dem Mitgequälten, etwas zu geben vermochte …

Die mörderischen Klauen meiner Henker hielten mich fest, dennoch entschlüpfte ich ihnen. Aber nicht ich habe mich befreit. Es war nicht meine Tat … es war das Schicksal!

Aber was nun? Ich bin so sehr der Hölle verfallen, dass ich spüre, wie sie mich stets anzieht. Ja, besonders nachts spüre ich es. Da meldet sich der Herr der Hölle bei mir, tritt an mein Bett und flüstert mir ins Ohr: „Junge! Vergiss nicht, dass du mir gehörst, keinem anderen, nur mir! Und übrigens, was würdest du sonst noch suchen, heute, nach all dem, was du gesehen hast! Nur bei mir ist Ruhe und Befriedigung ... Hahaha!"

Lach nur, du Dämon meiner Nächte, lach nur ruhig weiter! Du jagst mir keine Angst ein, nicht mehr, glaube mir, ich fühle mich wohl in deiner Gegenwart. Am Tag, wenn ich hier so sitze und mich erinnere, da freue ich mich bereits auf die Nacht, auf deinen Besuch! Du bist treu, treuer als jede Frau! Ich denke – und gebe es zu –, dass ich ohne dich nicht leben könnte. Ich komme mir vor wie ein Morphinist, der ohne seine Tagesdosis nicht existieren kann. Jetzt bist du mein Freund geworden, mein ergebenster Freund. Ich machte mit dir da draußen in den Schreckenslagern Bekanntschaft und nun bleibst du mir treu. Ich bin sicher, dass du mich nie verlassen wirst!

Karten

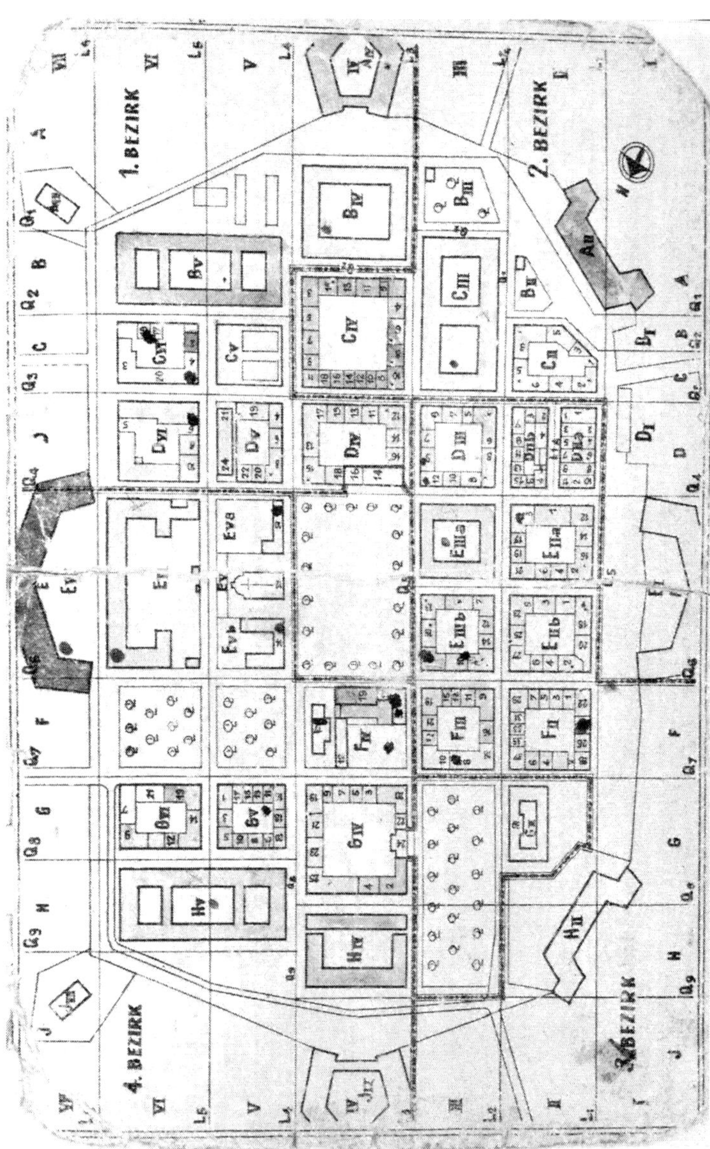

Ghettoplan Theresienstadt
Quelle: gemeinfrei

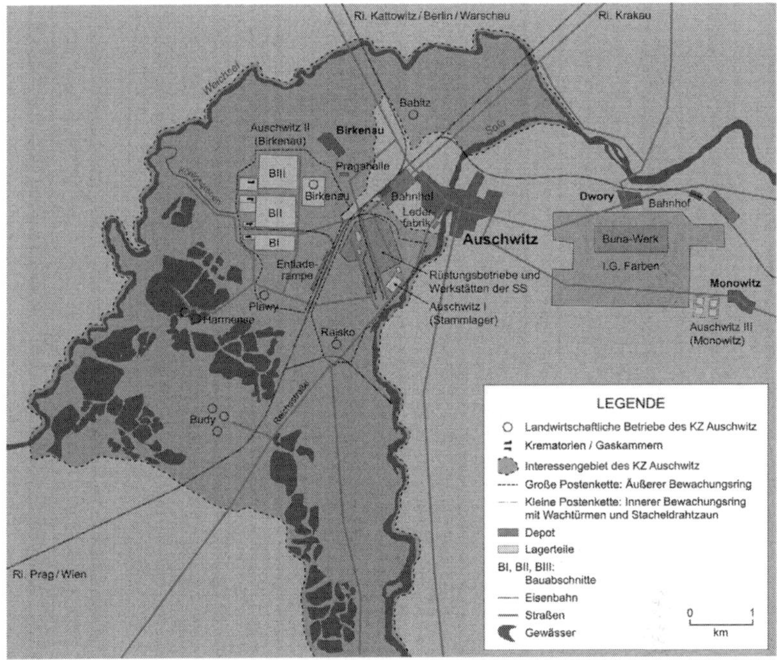

„SS-Interessengebiet" Lager Auschwitz

Quelle: Walké, German adaption by Maximilian Dörrbecker (Chumwa) (https://commons.wikimedia.org/wiki/File:Karte_Auschwitz.svg), „Karte Auschwitz", https://creativecommons.org/licenses/by-sa/3.0/legalcode

Lagerplan Auschwitz-Birkenau

Quelle: Peppeg (https://commons.wikimedia.org/wiki/File:AUSCHWITZ-BIRKENAU.svg), „AUSCHWITZ-BIRKENAU", https://creativecommons.org/licenses/by-sa/3.0/legalcode

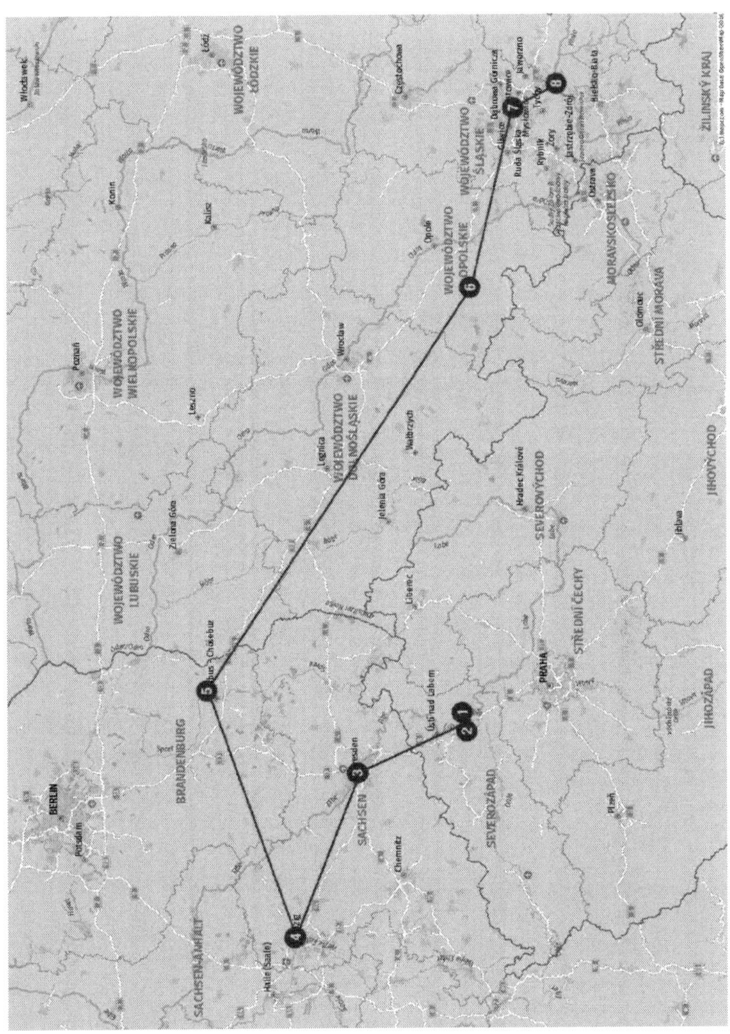

Trasse, auf der Kraus' Transport von Theresienstadt nach Auschwitz fuhr: 1 Theresienstadt – 2 Bohušovice (Bauschowitz) – 3 Dresden – 4 Leipzig – 5 Cottbus – 6 Oberschlesien – 7 Katowice – 8Bhf Oswiecim

Anmerkungen

1 Die Kasernen, in denen die Häftlinge untergebracht waren, sind auf den Karten auf den Seiten 104 bis 106 zu sehen. Begriffe wie „Jäger", „Jégrovka", „Hamburg", „Magdeburg" kann man entsprechend dem Plan zuordnen.

2 Die ersten beiden Transporte, die Anfang November 1941 Theresienstadt erreichten, wurden als Aufbaukommando (AK) bezeichnet; AK 1, der erste Transport, AK 2, der zweite, der eigentlich den Code „J" trug. Mit ihnen kamen nach Angaben der Zentralstelle für jüdische Auswanderung 1341 Männer an. Siehe: Terezínská pamětní kniha I [Gedenkbuch Theresienstadt I], Melantrich, Prag 1995.

3 Nach der Deportation der Juden wurde von der dänischen Administration hart um deren Schicksal gerungen. Ihre Forderung, „Mischlinge" und in „Mischehe" lebende Juden von weiteren Deportationen auszunehmen, konnte der „Reichsbevollmächtigte für Dänemark", Werner Best, in Verhandlungen mit dem Reichssicherheitshauptamt nur teilweise durchsetzen. Nach längeren Verhandlungen mit Adolf Eichmann bekam er am 2. November 1943 die lebensrettende Zusage, dass die deportierten Juden aus Dänemark nicht aus Theresienstadt in die Vernichtungslager weiter transportiert werden sollten. Der Außenamtsvertreter Frants Hvass konnte für die dänische Regierung durchsetzen, dass Paketsendungen mit Lebensmitteln und Kleidung nach Theresienstadt gesendet werden, und er selbst mit einer Delegation des Internationalen Roten Kreuzes die Deportierten am 23. Juni 1944 in Theresienstadt besuchen durfte. Um die Überbelegung des Lagers zu lindern, wurden nichtdänische Häftlinge in das Vernichtungslager Auschwitz-Birkenau transportiert und dänische Familien konnten in renovierte und größere Wohnungen umziehen. Siehe: Hermann Weiß, in: Wolfgang Benz (Hg.), Dimension des Völkermords, De Gruyter Oldenbourg, Berlin 1991, S. 180.

4 Livia Rothkirchen schreibt: „[I]m Herbst 1944 [...] [wurden] mehr als 18 000 Häftlinge nach Auschwitz deportiert, bevor der Betrieb der Gaskammern gestoppt werden musste ...“ Siehe: Theresienstädter Studien und Dokumente, Academia, Prag 1996, S. 120.

5 Dr. Eppstein wurde von der SS am 27. September 1944 in der Kleinen Festung erschossen. Siehe Paul Eppstein, in: Joseph Walk (Hrsg.): Kurzbiographien zur Geschichte der Juden 1918–1945, Saur, München 1988, S. 81f.

6 Als „Schleuse“ bezeichnete man im Ghetto Theresienstadt den Raum, in dem die ankommenden und abgehenden Transporte abgefertigt wurden. Anfangs wurden Räumlichkeiten in verschiedenen Kasernenobjekten als „Schleuse“ genutzt, so z. B. in der Anfangszeit die Aussiger Kaserne. In der „Schleuse“ wurden den Ankommenden die letzten persönlichen Gegenstände abgenommen. Siehe auch Ruth Bondyová, Jakob Edelstein, Sefer, Prag 2001.

7 Siehe Anm. 1.

8 Es ist möglich, dass zu der Zeit verschiedene kürzere Bahnverbindungen durch Bombardierungen zerstört waren, daher der große Umweg, siehe Reiseroute (S. 107).

9 F. R. Kraus führt Rajsko an insgesamt neun Stellen auf. Es handelt sich in allen Fällen um eine Verwechslung, denn er kam in das „Zigeunerlager“ BIIe nach Birkenau, wie der Buchstabe „B“ signalisiert.

10 In den Effektenlagern „Kanada“ des KZ Auschwitz wurden die Wertgegenstände und Habe der eingelieferten registrierten Häftlinge aufbewahrt beziehungsweise jene der Ermordeten weiterverwertet. Die Effektenlager unterstanden der Abteilung Standortverwaltung im Konzentrationslager. Im Lagerjargon des KZ Auschwitz wurden die Effektenlager als „Kanada“ bezeichnet, weil die Häftlinge das wertvolle Raubgut als „Symbol für Reichtum“ mit dem Land Kanada verbanden. Die Bezeichnung „Kanada“ für die Effektenlager wurde später auch von etlichen Angehö-

rigen des SS-Lagerpersonals übernommen. Siehe Andrzej Strzelecki: „Die Magazinierung der geraubten Habe und ihre Vorbereitung zur weiteren Verwendung“, in: Wacław Długoborski, Franciszek Piper (Hrsg.): Auschwitz 1940–1945. Studien zur Geschichte des Konzentrations- und Vernichtungslagers Auschwitz, Oświęcim 1999, Band II: Die Häftlinge. Existenzbedingungen, Arbeit und Tod, S. 184.

11 Dr. Mengele war nicht der Initiator des Lagers. Heinrich Himmler ordnete bereits am 27. April 1940 den Bau eines Konzentrationslagers in Auschwitz an. Am 20. Mai 1940 trafen die ersten KZ-Häftlinge im Stammlager ein. Im Oktober 1941 begann der Bau des riesigen zweiten Lagers. Das Dorf Brzezinka (dt. Birkenau) wurde nach Umsiedlung der Bevölkerung komplett abgerissen und durch Baracken ersetzt. Hier befand sich auch das sog. Zigeunerlager BIIe, in das Mengele im Mai 1943 als Lagerleiter kam.
Mengele war ab 1940 freiwillig bei der Waffen-SS beim Fronteinsatz, dann als Truppenarzt bei der 5. SS-Panzer-Division „Wiking“. Von Mai 1943 bis Januar 1945 wurde er als Lagerarzt im KZ Auschwitz-Birkenau eingesetzt. In dieser Funktion nahm er „Selektionen“ vor, überwachte die Vergasung der Opfer und führte menschenverachtende medizinische Experimente an Häftlingen durch. Er sammelte Material und betrieb Studien zur Zwillingsforschung, zu Wachstumsanomalien, zu Methoden der Sterilisation von Menschen und Transplantation von Knochenmark sowie zur Therapie von Fleckfieber und Malaria. Er und sein Mentor Otmar von Verschuer behaupteten nach dem Krieg, dass Mengele über seine Verschickung nach Auschwitz unglücklich gewesen sei, seine mit ihm in Auschwitz tätigen Kollegen waren jedoch anderer Meinung. Siehe Helena Kubica: „Dr. Mengele und seine Verbrechen im Konzentrationslager Auschwitz-Birkenau“, in: Hefte von Auschwitz. Band 20, Staatliches Museum Auschwitz-Birkenau, 1997, S. 369–455.

12 Im tschechischen Original kommt eine komische Verdrehung des Wortes vor. In der deutschen Übersetzung gibt

es keine passende Parallele: „Capouš“ oder „Capák“, Plural „Capata“ für Kapo/Kapos (Kraus schreibt „Capo“) klingt im Tschechischen eigenartig. Wie es auch heißen soll: Aus den Ausdrücken geht hervor, dass es sich um nicht respektable Personen handelt; Capák bedeutet im Tschechischen „Babyschuh“.

13 Das Zigeunerlager BIIe war nicht in Rajsko, sondern in Birkenau II, es wurde am 2. August 1944 als Zigeunerlager liquidiert, um neu angekommenen Transporten „Platz zu machen“.

14 Blokouš ist ein tschechisches Slang-Wort für den Blockältesten, das nicht ausdrücklich einen „bösen“ Menschen bezeichnet; der Begriff drückt aber aus, dass man auf jeden Fall eine Abneigung gegenüber der Person bzw. seiner Funktion empfindet.

15 Die Jägerkaserne ist eine kleine, in die Schanzen hineingebaute Kaserne. Es handelt sich wohl um die frühere Pionierkaserne. Während der Ghettozeit wurde sie als Quartier für alte Leute genutzt. Darüber hinaus diente sie als Quarantänestation für die Entwesung der persönlichen Gegenstände der Häftlinge. Siehe Kulturverein Schwarzer Hahn e.V., www.ghetto-theresienstadt.de

16 Heydebreck war ein KZ in Schlesien, ein „Arbeitserziehungslager“, das von der IG Farben betrieben wurde. Es haben hier Kriegsgefangene gearbeitet, aber auch jüdische Häftlinge, die nach Zeugnissen am schlechtesten behandelt wurden. Heydebreck wurde von der SS in bewusster Täuschung als Ziel des Transports der Juden aus dem Familienlager BIIb im März 1944 angegeben; tatsächlich wurden praktisch alle in Birkenau vergast.

17 Muselmann (auch Muselman, Muselmane; von persisch musilmān über türkisch müslüman, französisch musulman, italienisch musulmano; ursprünglich persisch muslimān – von arabisch muslim mit persischer Pluralendung -ān, „die Muslime“) ist laut Duden eine scherzhafte

und veraltete Bezeichnung für Muslime, siehe auch „Muselmann KZ".

18 Das beschlagnahmte Petschek-Haus war die Prager Gestapo-Zentrale. Hier fanden Verhöre sowie Folterungen politischer Gefangener statt.

19 Otto Moll, geb. 1915, trat nach einer Berufsausbildung als Gärtnergehilfe im Jahr 1933 in den freiwilligen Arbeitsdienst ein. Im Mai 1935 wurde er als Anwärter zur SS-Totenkopfstandarte „Brandenburg" in Oranienburg eingezogen und im November 1936 endgültig in die SS aufgenommen. Während einer Fahrt nach Oranienburg kollidierte der Lastwagen der SS mit einem PKW, ein SS-Mann wurde getötet, Moll lebensgefährlich verletzt. Er lag mehrere Monate im Krankenhaus in Bernau, laborierte an einem Schädelbruch und hatte ein Auge verloren. Hans Schmid, der sich eingehend mit Otto Moll beschäftigt hat, hält es für möglich, dass dieser seit dem Unfall unter dem Frontalhirnsyndrom litt (posttraumatisches organisches Psychosyndrom). Ein amerikanischer Forensiker untersuchte u. a. Zeugenaussagen über die Taten Molls sowie dessen Schriftbild und kam zu dieser Diagnose. Beim Frontalhirnsyndrom handelt es sich um einen organischen Schaden, der sich in psychotischem oder psychopathischem Verhalten ausdrücken kann. Prägend sind dabei Abstumpfung der Gefühle, übersteigerte Unternehmungslust, allgemeine Enthemmung und besondere Mitleidlosigkeit. Schmid bespricht Molls Verbrecherkarriere unter starker Berücksichtigung dieses Krankheitsbildes und kommt zu dem Schluss, dass es sich bei ihm um einen körperlich und geistig kranken Menschen handelte, der von einem verbrecherischen Regime bewusst als Mörder instrumentalisiert wurde.

Nach seiner Genesung war Moll von 1938 bis 1941 im KZ Sachsenhausen als Kommandoführer der Gärtnerei tätig. Bereits hier wurde er vom Adjutanten des Lagers, Rudolf Höß, protegiert. Nachdem Höß Kommandant des Lagers Auschwitz geworden war, holte er Moll am 2. Mai 1941 zwecks Errichtung landwirtschaftlicher Betriebe dorthin. Durch seinen Tatendrang und seine Härte begünstigt, wurde Moll im Juni 1942 Führer der berüchtigten Strafkompanie, deren Gefangene die Torturen selten überlebten. Infolge des von Heinrich Himmler angeordneten Ausbaus von Auschwitz zum Vernichtungslager widmete sich Moll fortan vorrangig der Tötung von Menschen. Bevor es zur Einrichtung der großen Krematorien und Gaskammern in Auschwitz-Birkenau kam, leitete er gemeinsam mit Franz Hößler die Massentötungen bei den sog. Bunkern I und II. Bei diesen Bunkern handelte es sich um zwei enteignete Gehöfte jenseits des befestigten Lagergeländes, in denen provisorische Gaskammern etabliert worden waren; in ihrer unmittelbaren Nähe wurden Massengräber ausgehoben, in denen mehrere 100 000 Leichen verscharrt wurden. Moll oblag die Aufsicht über das dafür zuständige sog. Sonderkommando, dessen Mitglieder meist aus Juden, die aus Transporten selektiert worden waren, bestanden. Zu den Arbeiten, die sie zu verrichten hatten, gehörten u. a. die Räumung der Gaskammern und die Verbringung der Toten in die Feuergruben bzw. die Krematoriumsöfen. Viele Anpassungen, die den Vernichtungsablauf perfektionierten, sind auf Molls manisches Engagement zurückzuführen. Bereits am 30. April 1943 wurde Otto Moll mit dem Kriegsverdienstkreuz Erster Klasse mit Schwertern ausgezeichnet. Dieser Umstand wirft ein bezeichnendes Licht auf seine Bedeutung für die Judenvernichtung. Neben ihm wurden im Lager nur der Kommandant Höß und Josef Klehr mit diesem Orden versehen. Klehr war als Chef des Desinfektionskommandos für den Einwurf des Zyklon B in die Gaskammern zuständig und tötete als sog. Sanitätsdienstgrad mutmaßlich über zehntausend Häftlinge eigenhändig durch Phenoleinspritzungen ins Herz. Im September 1943 wurde Moll zum Lagerführer des Nebenlagers Fürstengrube ernannt, im März und April 1944 war er Lagerführer von Gleiwitz I. Auch hier war er als besonders brutal und grausam gefürchtet.

Während all der Zeit in Auschwitz lebte Moll mit seiner Ehefrau und zwei während jener Jahre geborenen Töchtern vor Ort; seine erste Gattin, die ebenfalls im KZ-Dienst tätige Elli Unruh, war bereits 1940 an einer Blutvergiftung gestorben. Nur wenige Wochen später hatte er erneut geheiratet.
Molls verbrecherische Karriere erreichte mit der Vernichtung der ungarischen Juden im Sommer 1944 ihren Höhepunkt. Bereits seit dem Frühjahr 1943 existierten vier große Krematorien in Auschwitz-Birkenau, mit deren Leitung er dann von Mai bis September 1944 betraut war. In dieser Zeit wurden unter seinem Kommando etwa 400 000 Menschen in den Gaskammern getötet. Molls Bedeutung bei diesem Verbrechen war erneut auf Rudolf Höß zurückzuführen, der zwar seinen Kommandantenposten im Dezember 1943 geräumt hatte, aber als Standortältester eigens für die Koordinierung der Vernichtungsaktion ins Lager zurückkehrte. Das berühmte Gruppenfoto der Auschwitzer Massenmörder aus dem Album des Adjutanten Karl-Friedrich Höcker zeigt Moll direkt an Höß' Seite, was seine wichtige Rolle im Judenmord betont. Höß band Moll als Chef aller Gaskammern und Krematorien an zentraler Position in die Arbeiten ein und stattete ihn mit allgemeiner Handlungsgewalt aus.
Moll galt dem Pathologen Miklos Nyiszli, der für den SS-Arzt Josef Mengele in den Räumlichkeiten der Krematorien Experimente und anatomische Arbeiten durchführen musste, als „wahnsinnigster Mörder des Weltkrieges". Es liegt eine kaum überschaubare Zahl von Zeugenaussagen vor, die die Grausamkeit Molls erahnen lassen. Unzählige eigenhändige Morde sind durch Zeugen verbürgt. Moll tat sich insbesondere bei der Tötung von Frauen und Kleinkindern hervor. So führte er laut Filip Müller oftmals attraktive Jüdinnen an den Rand der Feuergruben, um sich an ihrer Angst zu erfreuen. Er sagte ihnen lüsterne Worte ins Ohr, gab ihnen dann einen Schuss in den Hinterkopf und ließ sie ins Feuer fallen. Mehrfach soll er auch Säuglinge totgetreten haben. Abraham Shuls gab in einer Zeu-

genaussage 1946 an, dass Moll „Schweinemetzger genannt wurde, weil er kein Mensch, sondern ein Schlächter war, der Kinder lebendig ins Feuer geschmissen hat". Selbst unter SS-Leuten war Moll für seine Grausamkeit berüchtigt: Bernhard Walter, der viele der berühmten Aufnahmen aus dem Auschwitz-Album schoss, nannte Moll einen berüchtigten und selbst für Auschwitzer Verhältnisse auffälligen Judenhasser.
Der Überlebende des Sonderkommandos Filip Müller beschrieb Molls Untaten am detailreichsten. So berichtet Müller u. a. über die von Otto Moll praktizierte sadistische Todesfolter des „Froschschwimmens": Moll jagte ausgesuchte Häftlinge in einen der Löschteiche neben den Krematorien und zwang sie mit vorgehaltener Waffe, dort unter ständigem Quaken bis zum Erschöpfungstod zu schwimmen. Moll inszenierte sich bei seinen Folter-Perversionen auch als grausamer Spielleiter von ihm neu erdachter Lagerspiele wie des „Ziegelstoßens": Zwei Häftlingsgruppen mussten auf Zeit möglichst viele Ziegelsteine zerschlagen; die „Verlierer" wurden an Ort und Stelle von Moll erschossen. Müller berichtet außerdem davon, dass Moll oft durch die Masse der zur Vergasung vorgesehenen Ankömmlinge schlenderte, sie beim Ausziehen beobachtete und Kleinkinder mit Süßigkeiten von ihren Müttern fortlockte, um sie draußen ins siedende Fett der Feuergruben zu werfen. Moll habe unter dem krankhaften Drang gestanden, ohne Unterlass zu foltern und zu töten. Er erschlug kleine Personengruppen mit Knüppeln und Eisenstangen, übergoss Menschen mit Benzin und zündete sie an, warf des Diebstahls überführte Häftlinge zur Strafe in den Krematoriumsofen, hetzte Hunde auf seine Opfer, trieb sie gegen elektrisch geladene Zäune und zerschmetterte Kinder vor den Augen ihrer Mütter an Betonwänden.
Hermann Langbein, politischer Häftling in Auschwitz, bestätigte, dass sein Chef, der Standortarzt Eduard Wirths, die Lebendverbrennung ungarischer Kinder beobachten konnte. Auch Kranke, Alte und Invaliden wurden von Moll oder dementsprechend instruierten Kollegen mit Lastwa-

gen an die Feuergruben delegiert und lebendig in die Flammen geworfen.
Nach Beendigung der Ungarn-Aktion wurde Moll durch seinen Untergebenen Erich Mußfeldt abgelöst und spätestens mit der vollständigen Einstellung der Massenvernichtung im Herbst 1944 wieder Lagerleiter von Gleiwitz I. Beim Näherrücken der sowjetischen Armee im Januar 1945 beaufsichtigte er einen Todesmarsch gen Westen. Laut Zeugenaussagen soll Moll im Januar und Februar kurzzeitig zwischen den KZ Sachsenhausen und Ravensbrück mit einer Gruppe von Spezialisten gependelt sein, um dort Vergasungen und Erschießungen durchzuführen. Seit Februar 1945 war er Lager- und/oder Arbeitsdienstführer eines oder mehrerer Lager des Außenlagerkomplexes Kaufering des KZ Dachau. Auch hier hat Moll Häftlinge misshandelt und getötet. Nach übereinstimmenden Aussagen ehemaliger Häftlinge und Zwangsarbeiter war er Ende April 1945 auf dem Todesmarsch von Dachau nach Tirol an der Erschießung von mindestens 120 sowjetischen Zwangsarbeitern bei Buchberg beteiligt.
Moll wurde Anfang Mai 1945 verhaftet und am 15. November 1945 im Dachau-Hauptprozess von einem amerikanischen Militärgericht als Kriegsverbrecher angeklagt und am 13. Dezember 1945 mit 35 weiteren Angeklagten zum Tod durch den Strang verurteilt. Im Urteil berücksichtigt wurden seine individuellen Exzesse, darunter die Misshandlung von Häftlingen und die Erschießung von Gefangenen auf dem von Kaufering ausgehenden Evakuierungsmarsch. Seine Verbrechen in Auschwitz waren nicht Teil der Anklage und wurden somit nie gerichtlich geahndet. Ein halbes Jahr nach seinem Todesurteil wurde er am Rande der Nürnberger Prozesse mit seinem ehemaligen Vorgesetzten Rudolf Höß konfrontiert. Während dieser die eigenen Verbrechen zugab und auch den Tätigkeitsbereich seines Untergebenen klar beschrieb, stritt Moll die Beteiligung an der Judentötung weitestgehend ab. Otto Moll wurde am 28. Mai 1946 im Hof des Kriegsverbrechergefängnisses Landsberg hingerichtet. (Aus Wikipedia-Eintrag „Otto

Moll“ sowie Hans Schmid: „Otto Moll – der ‚Henker von Auschwitz‘“. In: *Zeitschrift für Geschichtswissenschaft* 54, Metropol Verlag, Berlin 2006.)

20 Diese Zahl bezieht sich nicht ausschließlich auf Auschwitz. Der Autor hatte 1945, als er seinen Bericht verfasste, keine genaueren Kenntnisse über das Ausmaß der Vernichtungslager im Osten Europas.

21 Ein grünes Dreieck mussten Häftlinge tragen, die als „Berufsverbrecher“ galten, ein rotes, wer als „politischer Häftling“ interniert war.

22 Die SS setzte in Lagern Häftlingsorchester und Gesang zur Erniedrigung, Brechung des Lebenswillens und zur Qual der Lagerinsassen ein. Das Absingen von Liedern beim Marschieren war ein Teil der Machtausübung der SS-Lagerleitung, wie auch die Beschallung durch die Lautsprecheranlagen. Musik durch die Orchester wurde ferner bei Hinrichtungen eingesetzt. Teilweise mussten die Häftlingsorchester bei Ankunft der Deportationszüge spielen, damit die Häftlinge keinen Verdacht schöpften und sich ohne Gegenwehr in die Gaskammern treiben ließen. Häftlingsorchester mussten bei Lagerbesuchen vor SS-Größen aufspielen und sollten vor allem ausländische Besucher über die Funktion der Lager täuschen. Gesänge, die aus den Lagern schallten, erweckten für Unbedarfte, die in die Lagernähe kamen, einen positiven Eindruck. Die Häftlingsorchester musizierten auch bei Veranstaltungen der SS-Mannschaften. (Aus Wikipedia-Eintrag „Häftlingsorchester“ sowie Szymon Laks: Musik in Auschwitz. Hg. und mit einem Nachwort versehen von Andreas Knapp. Aus dem Polnischen von Mirka und Karlheinz Machel. Schriftenreihe des Fritz Bauer Instituts, Band 15, Droste Verlag, Düsseldorf 1998.)
Im Dezember 1938 forderte der Lagerkommandant Arthur Rödl die Häftlinge in Buchenwald auf, ein Lagerlied zu verfassen. Fritz Löhner-Beda und Hermann Leopoldi komponierten das „Buchenwaldlied“, das aus drei Strophen

besteht und anschließend als Marschlied zum Ein- und Auszug der Arbeitskolonnen vom Lagerorchester gespielt wurde. Über das von F. R. Kraus erwähnte „Auschwitzlied" ist wenig bekannt.

23 Der stabilste Punkt in der Misere ist die Baracke zur Übernachtung, die der Autor als „zu Hause" hier verinnerlicht. Erst gegen Ende seines Berichts wird der Ausdruck „zu Hause" relativiert, in Anführungszeichen gesetzt, im Zusammenhang mit der Unterbringung im KZ als nicht angebracht angegeben.

24 1935 wird der bereits ab 1872 bestehende Paragraf 175 verschärft: Ab September 1935 werden unter Paragraf 175a alle „unzüchtigen Handlungen" zwischen Männern verfolgt. Es reichte die reine Vermutung, um verfolgt zu werden. Das bot alle Möglichkeiten für willkürliche Denunziationen. Unter dem Vorwand der sogenannten Schutz- und Vorbeugehaft wurden schätzungsweise zehn- bis fünfzehntausend homosexuelle Männer in Konzentrationslager deportiert. Viele inhaftierte man dort „vorsorglich" auf unbestimmte Zeit. Dies geschah oft ohne weitere konkrete Straftatbestände und Beweise. Es gab die Möglichkeit, der KZ-Haft durch eine „freiwillige" Kastration zu entgehen.
In den Konzentrationslagern mussten sie den rosa Winkel auf der Brust tragen. In der Lagerhierarchie standen sie am unteren Ende, denn auch der Großteil der KZ-Häftlinge teilte die in der Gesellschaft verbreitete abschätzige Haltung gegen Homosexuelle. Über die Hälfte der inhaftierten Rosa-Winkel-Häftlinge überlebte die Lager nicht.
Die Nazis hatten auch Angst vor Schwulen in den eigenen Reihen: Ab den 1940er Jahren wurden homosexuelle Handlungen von SS-, Polizei- und Wehrmachtsangehörigen mit der Todesstrafe geahndet.
Aus den Konzentrationslagern, so auch in Auschwitz, sind dennoch homosexuelle Handlungen bekannt, so zwischen den SS-Männern in Funktionsstellen und kleinen Jungen, wie es aus vielen Lagerberichten, u. a. von Kraus, bekannt ist.

25 Die „Weiße Krankheit“ (Bílá nemoc) ist ein Theaterstück von Karel Čapek, einem bedeutenden europäischen Schriftsteller aus der damaligen Tschechoslowakei. Das Drama entstand 1937 und thematisiert den Konflikt zwischen den demokratischen Idealen und den Prinzipien der expansiven Diktaturen. Ein Land wird von der „Weißen Krankheit“ befallen. Die Erkrankten haben am Körper weiße Flecken, nach und nach bekommen sie schlimme gesundheitliche Komplikationen und strahlen einen üblen Geruch aus. Der Arzt Galén hat als einziger ein Medikament gegen die Krankheit entwickelt, war jedoch nur bereit, das Medikament auszugeben, wenn sich die Regierungen verpflichten würden, nie mehr einen Krieg zu entfachen.
Karel Čapek ist am 25. Dezember 1938 in Prag gestorben. Ein Vierteljahr später, am 15. März 1939, wurde die Tschechoslowakei von Nazideutschland okkupiert. Noch 1937 wurde die „Weiße Krankheit“ unter der Regie von Hugo Haas verfilmt; in der Rolle des Arztes trat Hugo Haas, der vor den Nazis fliehen konnte, selbst auf. Karel Čapeks Bruder Josef, ein ebenfalls politisch engagierter Schriftsteller und Maler, wurde wegen seiner kritischen Äußerungen zum Nationalsozialismus verhaftet und in verschiedene Konzentrationslager (Dachau, Buchenwald, Sachsenhausen) gebracht. Er starb im April 1945 in Bergen-Belsen.

26 Die Verschickung von Urnen/Asche wurde in einigen KZ (z. B. in Dachau) einige Zeit durchgeführt.
Dr. Wojciech Płosa, Leiter des Archivs des Staatlichen Museums Auschwitz-Birkenau in Oświęcim schrieb am 12. Juli 2023, dass die Familien der Häftlinge von der Politischen Abteilung des KZ Auschwitz (Hauptlager) über den Tod ihrer Angehörigen und über die Möglichkeit, die Urne mit der Asche der Verstorbenen gegen eine Gebühr von 2,50 Reichsmark erhalten zu können, informiert wurden. Dies jedoch nur bis April 1941. Aufgrund von anschließenden Beerdigungen der Opfer in ihren polnischen Heimatorten, die zum Anlass für Patriotismusmanifestationen

wurden, wurde von der Ascheversendung abgesehen. Siehe auch Hinnerk Höfling: „Die Wege der Asche. Eine quellenkritische Chronologie für das Interessengebiet Auschwitz." Diese Arbeit ist zum Kunstprojekt „Sucht nach uns" im Auftrag und mithilfe des Zentrums für Politische Schönheit entstanden.

27 Gemeint ist die mächtige barocke Basilika St. Jakob in der Prager Altstadt.